親子で向きあう
発達障害

～あなたはたまたま選ばれただけ～

植田 日奈　著

Hina Ueda

幻冬舎 MC

親子で向きあう
発達障害

～あなたはたまたま選ばれただけ～

目　次

第4章　子どもの将来（進路選択を含む）の見通しを立てること

～4つのマインド③～

●はじめに

〈まず知っておきたい発達障害のこと〉

「発達障害」という言葉はよく耳にするようになりました。見る力、聞く力、記憶する力、表現する力、想像する力のうちのいくつかに弱さがあって、その弱さやバランスの偏りのせいで生活に支障を来してしまうのが「発達障害」です。

発達障害がある人の数は左利きと同じくらい（11％）とかAB型と同じくらい（9～10％）いるとか言われています。発達に偏り（本文中は凸凹という表現をします）がある人はそれだけたくさんいるのです。私は個人的にはもっと多いと感じています。ところが、学校の先生も保護者たちも、それを身近なこと、すなわち「目の前の子にもありうること」として感じていないのが現状です。

特に親御さんたちが「まさかうちの子が……」と思っていることが多く、子どもの「できなさ」をしつけでなんとかしようと厳しく叱ったり、自分の育て方に問題があるのではないかと悩んだりする人が多いようです。カウンセリングの場面でお母さんがご自身を責めて涙するということのなんと多いことか。お母さんは毎日うまくいかないことで自分を責め、毎日自分がなんとかすればどうにかなると思い続けているのです。

この困難さはお母さんひとりでは抱えきれません。人に話しても「大丈夫よ、そのうちなんとかなる」とか言われてわかってもらえないし、子どもが落ち着きなく乱暴するから外出も億劫になったりしてゆくうちに、どんどん親子が周囲から孤立していってしまいます。

本当はお母さんがひとりで苦しむ前に知っておくとよいことがあるんですよ。それは、親が正しい心がまえを知ること――「発達障害」の知識を増やすことではなく、親が子どもの発達の凸凹をよく理解すること。そして、「療育」で子どもの人生や家族のあり方が大きく変わる可能性があるということを知ること。

みなさんが悩み苦しむ前に、まずはじめにこの本を読んでください。私もまた、みなさんと同じ苦しみを経験したひとりです。私には障害を持って生まれた息子がいます。二分脊椎という脊髄損傷による身体障害ですが、注意欠陥性があり記憶力が弱く、忘れ物や学習困難の問題がありました。ですから、みなさんと同じ発達凸凹がある子どもの母親としてみなさんと共有できる経験があります。

我が子が「発達障害かも」と言われたら、まずこれを読んでください。私の母親としての経験を通して、また、臨床心理士として多くのお母さんたちと問題を共有してきた経験を通して、みなさんにお伝えしたいことを書きました。

〈あなたはたまたま選ばれただけ〉

障害がある子を産むと、

「あなただからできること。きっと子どもはあなたを選んで生まれてきたのよ」とか、

「神様はあなたを選んでその子を授けたのよ」

「あなたは選ばれし者」

といった言葉をかけられることがあります。このような言葉は、最初は大変な励みになるでしょう。

「そうか！　よし！　頑張ろう！」という気持ちになるものです。

でも、本当にそうなのでしょうか。それで本当に気が済みますか？
子どもが大きくなって思春期を迎える頃になると、そんな根拠のない励ましなど
なんの意味もないことに親たちは気づかされるのではないでしょうか。
そもそも親になるのに資格はいりません。誰でも平等に子どもを産む資格がある
はずです。ところが、身体障害や発達障害がある子を育てるには、親として高度な
スキルが求められるのが現実です。
そして、子どもに障害があるとわかってからというものは親の日常は一変します。
こんなこと自分には起こらないと思っていたことが起こるのですから。子どもに障
害があるとわかった瞬間から、頭の中の整理もつかないうちに母親には突然高度な
スキルが求められます。そしてそれが備わっていないと結局、母親が責められるよ
うな形になる。
自分が選んでやっていることではないのに、
「子どもの発達に遅れがあるのは親のはたらきかけが足りないからだ」
「子どもの経験不足が子どもの発達を妨げている」
「夫婦関係の破たんやＤＶなど、子どもにとって劣悪な環境があるからだ」

と、こうなってしまうのです。「子どもの発達障害は、その子どもが持って生まれた特性によるものである」と誰もが知っているのに、実際は今でも親のせいにされることは多いのです。子どもの特性を理解したうえで適切なはたらきかけをしないと「親としてやり方が足りない」と判断されてしまう、というのが現実ではないでしょうか（生まれつき発達障害がなくても虐待を受けることにより発達に遅れが生じることはあります）。

なんとも不公平な世の中です。

発達障害がある子どもまたは発達に凸凹がある子どもの母親は、「何かを正さなければいけないとしたらそれは子どもではなく母親である」と思う癖がついていて、いつも自分を責めるような思考回路になる人が多いようです。ブログやTwitterを見ても、「子どもの非は自分のせいだ」と自分を責め、うつ状態になる母親のなんと多いことか。

だから、なおのこと、私は障害のある子または発達に凸凹がある子を産んだお母さんたちに伝えたいのです。事実をそのまま伝えたいのです。あなたは、「たまたま」産んだだけなのだと。「たまたま」選ばれただけなのだと。

〈大切なのは人に頼ること!〉

「発達障害が持って生まれた特性だとしても、やはり産んだ自分が悪い」と思ってしまうお母さんはたくさんいます。こういったお母さんたちは、「悪いのは自分なので人さまに迷惑をかけることなどしてはいけない」と思っています。自分が産んだのだからやはり自分の責任だと思ってしまうのです。外出先で子どもが困ったことをすれば謝ってまわり、悪さをする前に止めなければと目を光らせ、お母さんは息つく暇がありません。いつの間にか「迷惑をかけないように、かけないように」と思い込んでいます。こうなってしまうと他者に助けを求めることなどできなくなってしまいます。

でも、発達に凸凹がある人とその家族は、家族以外の他者の助けを借りずにはほとんど生きていけません。

そもそも、発達の凸凹がなくたって、すべての人は他者の力を借りずには生きていけません。日頃私たちは、人さまの力を借りずに自分の力で生きているように錯覚していますが、本当はたくさんの人の知恵を借り、恩恵を受けて生きているのです。育休もしかり。保育園の増設もしかり。こういう広く万人に向けたサービスは、人は当然のこととして要求し享受しますが、障害があるマイノリティーの人たちはそうはいかない。人と違うものを持つマイノリティーだって万人と同じように堂々と要求をしていいはずなのに、こちらの方は逆に申し訳ないような気持ちになってしまうものです。「人より余計に手がかかるから申し訳ない」と思ってしまうんですよね。でも、障害がない人もある人も同じように支えてもらっていいはずです。支え合うのは当たり前なのだから、他者を頼ることはいけないことではありません。必要なことなのです。

「うちはたまたま人より手のかかる子が生まれた」

「だから、たまたま人よりも少し多く他者の力を借りる必要がある」

という考え方でいた方が他者を頼りやすくなります。そして、上手に「頼る」ことこそが、発達の凸凹がある子どもを育てるうえで最も大切なことだと言っても過言ではないのです。

〈たまたま産んだ母親が最初にすること〉

「お子さんは発達障害かもしれません」

「お子さんには特別なはたらきかけ（療育）が必要です」

そう言われたら、親御さんはまずどんな行動を取るでしょうか。医者に駆け込む？　書店に駆け込む？　ネットで調べる？　とにかく「発達障害」について情報を収集するでしょう。

すると、「多動」「こだわり」「自閉症」……。不安を誘う言葉がたくさん目に飛び込んできます。あっ、これあてはまるわ、これはちょっと違うなあ、ここが違うからうちの子は自閉症ではないのかな？　といろいろ考えをめぐらせます。

ＡＤＨＤ、ＬＤ、自閉症スペクトラム（19ページの図を参照）……。発達障害にはいろいろな診断名があります。それぞれの対応法について、マニュアル的な書物がたくさん出ています。しかし、それらの本の通りにやろうとしても、「このページはあてはまるけれど、次のページはあてはまらないし……」と断片的に拾い読みすることがほとんどです。そうすると、本を読んだ時は「なるほど！　いい本だ！」と思うのだけれど、気がつけば本棚にしまい込んでしまって、読み直すことはあまりありません。料理本がたまっていくのと似ていますね。たまに本棚から引っ張り出してきて読み直すと有効ではありますが。

拾い読みして納得はしてもそれを本棚にしまってしまう、の繰り返しだと、情報を収集して気持ちに整理がつくだけで、まず今日、何から手をつけたらいいのかがわからないままです。「テクニックはわかった。でも、実際に今から家でどう適用させたらいいの？」ということになります。あるいは2、3日で忘れてしまう……。

本棚に揃っている本は「テクニック」の本です。叱り方、落ち着かせ方、こんな時どうするの？　といった本は今たくさん出ていますし、みなさんも持っていらっしゃると思います。これらは「テクニック本」です。テクニックは立派なツール（道具）ですが、テクニックの情報が次から次へと出てくるので、わけがわからなくなっているお母さんが多いのではないでしょうか。それならば「テクニック」を我が家でどのように活かしていくか。この「どう活かしていくかを考えるマインド」こそが必要なのです。

■発達障害の概念図

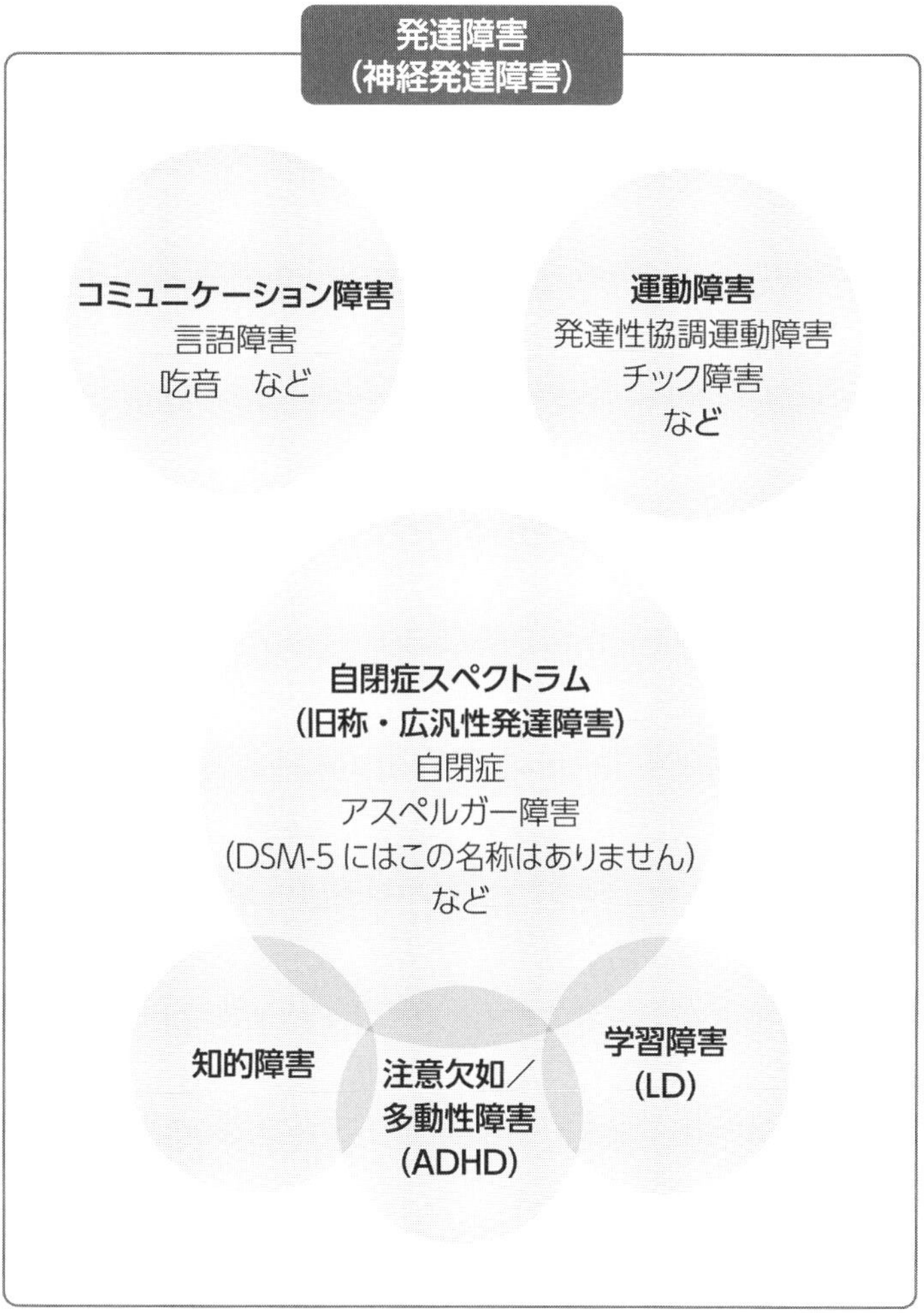
発達障害
（神経発達障害）
コミュニケーション障害
言語障害
吃音　など
運動障害
発達性協調運動障害
チック障害
など
自閉症スペクトラム
（旧称・広汎性発達障害）
自閉症
アスペルガー障害
（DSM-5 にはこの名称はありません）
など
知的障害
注意欠如／
多動性障害
（ADHD）
学習障害
（LD）

ほかの子はどうでもいい、うちの子がどう成長してくれれば幸せなのか、ということを考えることが「マインド」です。みなさんにはまず、しっかりした「マインド」を持ってほしい。そうすれば「テクニック」が活きてきます。「マインド」がしっかりしていれば長い目で子どもの育ちを見据えることができます。子どもの育ちを長いスパンで見据えられれば安心して生活が送れます。安心した生活があって初めてテクニックが活かされるのです。いつでもあたふたして動揺してばかりだったら、お母さんの身がもちませんよね。「マインド」がしっかりしていないと「テクニック」が活用されないのです。

この本では、「テクニック」ではなく、その前に必要な「マインド」のお話をしていこうと思います。

〈大切なのはテクニックよりマインド！〉

発達障害があろうとなかろうと、月並みですがなんといっても、お母さんに必要なのは「笑顔」です。知識や賢さよりも「笑顔」でいることが一番大切なのです。テクニックよりまず「笑顔」というマインドです。

「そんなこと言われたって、今はそんな気分（状態）ではないわ！」

「私の笑顔で子どもの発達障害がどうにかなる（治る）というの？」

そんな声が聞こえてきそうですが……。どういうことかご説明しましょう。

今お子さんのことで困っていることは何ですか？　かんしゃくがひどい、落ち着きがなく座っていられない、変な癖がある、何を考えているかわからない？

こういった子どもの困った行動は、もちろん特性のせいもありますが、多くは「不安」によって引き起こされる行動なのです。そして「不安」に一番よく効くのはお母さんの笑顔です。だから「笑顔」でいることが一番大切なのです。

お母さんが大きく構えて「笑顔」でいると、子どもは安心します。お母さんの笑顔で楽しい気持ちになるし、自分は認めてもらっていると感じるのです。「今のまま、このままの自分でいいんだ」と感じ自己肯定感が育つのです。これは発達の凸凹に関係なく、どの家庭にも必要なことですが、特に凸凹がある子は普段から自信をなくし不安感や緊張感が強い状態にありますので、お母さんの笑顔はなおさら大事になってくるというわけです。

でも、そうは言ってもいられない。お母さんだってよそのお母さんより苦労が多いだけに笑顔でなんかいられない、というのが現状でしょう。

〈集中すべき4つのこと〉

では、笑顔でなんかいられないわというお母さんが「笑顔」でいるためにどうすればいいのでしょう。私は、お母さん方にはあふれる情報にあれこれ惑わされずに、以下の4つの点に集中していただきたいと思うのです。そうすれば、笑顔で楽しく日々を過ごせるのではないでしょうか。これから集中すべき4つのマインドをご紹介します。

4つのマインド

①障害の特性がある／ないにとらわれず、その「程度」が問題であるということを知ること。
②特性にとらわれずに「二次障害」を予防することに集中すること。
③子どもの将来（進路選択を含む）の見通しを立てること。
④子どもがいつでも他者に助けを借りられる子になるように育てること。

この4つのことができていれば、子どもはいきいきと成長し、親子の絆も深まり、親子ともども笑顔が増えることでしょう。この4つをふまえていれば、子どもがどんな診断名でどんな特性があるかは実はそれほど問題ではありません。だって、どんな診断名がつこうとも、自分にとってはただひとりのかけがえのない我が子なのですもの。

本書では、この4点についてわかりやすく説明して、あなたのお子さんにどんな可能性があり、どのような進路の選択肢が用意されているのかを記していきます。忙しくて慌ててばかりのお母さんでもわかるように書いていこうと思います。途中で今まで書いたことを振り返ってまとめながら進めます。

お子さんは必ず成長します。今、困っていることと同じことで将来は困ってはいないでしょう。今できていないことの多くはできるようになるでしょう。ただし、発達障害もしくはグレーゾーンと言われたお子さんを何もせずに自然にまかせて子育てしてしまったら、困っていることは困ったまま、できないことはできないままになってしまう恐れがあります。できるはずのことがちゃんとできるようになるために、この本に書いてある4つのマインドについて一緒に考えていきませんか。

第1章 「発達障害か否か」の境界線を追い求めないこと

〈楽な子もいれば難しい子もいる〉

教師になるにも、美容師になるにも、資格試験があります。親となり子を育てるというのは、それは大変なことだと思うのに、親になるには資格試験がありません。つまり親になるための資格はいらないのです。

でも、子育てという仕事は無資格で挑むには大変すぎます。なぜなら子どもはさまざまで、ひとりとして同じということがないからです。

生まれた時から、子育てに特別な苦労がなくスポーツも勉強もできるようになる子。親がアスリートだったり、一流大学出身で親が歩んできたのと同じような道を歩める子。その一方で、発達に凸凹があって何をするにも平均的な子どもの何倍も時間と手間がかかる子もいます。または人と同じような生活ができずに家庭の中で過ごすしかない子。いろいろな親子の形があり、いろいろな子どもの育ちがあります。さて、この違いをどうやって説明できましょう？

でも、よく思い返してください。冒頭にも書きましたが、あなたのもとに「たまたま」発達凸凹な子が生まれてきただけです。偶然です。それ以上でも以下でもありません。

繰り返しになりますが、親になるのに資格はいりません。ですから人より余計に責任を負う必要もありませんし、人よりできなくても当たり前です。

ご近所のみなさんと同じように、我が子の育ちをじっと見つめ、毎日我が子と向き合うことを続けていけばいいのです。ただひとつだけご近所と違うことがあるとすれば、それは、よその家より余計に我が子を注意深く見つめる必要があるということでしょうか。そして、自分が生きてきた中で作り上げてきた、「普通は（こうだろう・こうあるべきだ）」という思い込みを捨てて我が子と向き合うことが大切です。

〈我が子の育ちを見つめるツールが相談所〉

より注意深く子どもを見つめ、我が子と向き合うために役立つツールが市町村には存在します。それが乳幼児健診、療育機関、就学相談、教育相談といった機関です。役所の管轄の保健所や健康福祉課、児童相談所などでやっている相談機関で、地域によって管轄が若干違いますが、日本在住であれば、誰でも無料で相談ができます。

市や区などの地方自治体では、乳幼児健診や就学相談、教育相談というように、発達に遅れがある子どもに対して年齢に応じたサービスがあります（不登校などのさまざまな問題にも応じてくれます）。言葉を覚えるのが遅いといった発達の遅れがあると、保健所の健診時や幼稚園の先生から相談機関を訪れるよう勧められることもあります。自分で直接相談を申し込むこともできます。公共（市町村）の相談機関でどんなことをするかというと、定期的に個別相談をしたり、同年齢の子どものグループに参加して遊びを通して子どもの発達を促したりします。発達障害がある子どもの多くは就学前の幼少期にこういった相談機関や医療機関を勧められ、いわゆる療育というものを受けることが多いです（療育については第3章をご覧ください）。

ところで、一度相談や療育を始めたら、永遠にそれを続けることになるのでしょうか？

答えは「ノー」です。一度レッテルを貼られたら二度とはがせない、一度発達障害として療育を受けたらもう二度とやめられない……。と思って、怖くて最初の一歩を踏み出せない人が多いようですが、ずっと続けるのかそうではないのかはやってみないとわからないことなのです。レッテルははがせる子とはがせない子がいるのが現実です。グレーのままでもはがせる子はいるし、グレーが黒になって診断を受ける子もいるのです。

〈相談や療育は卒業もある〉

「発達障害」というレッテルをはがせる子、すなわち相談機関や療育を利用した経験があっても、そこを卒業する子は実際にいます。

でも、卒業した子どもたちは「発達に問題がなかった」「発達障害が治った」と

■相談機関の種類

国や地方自治体の相談窓口・機関（無料）	児童相談所	18歳未満で発達や適応に問題のある子どもと保護者の相談に応じている。育児困難や虐待の問題にも対応している。地域により対象が被虐待児や身寄りのない保護児童に限定している機関もある。
	療育センター	医療と福祉の中間領域にあり、発達に障害のある子どもの相談と療育・訓練を行っている。訓練が主となる機関ではあるが、心理士や医師もいるので相談が可能。
	教育相談所	幼稚園児から高校生までを対象に、不登校など学校生活に関連した問題の相談に応じている。
	精神保健福祉センター（保健所）	メンタルヘルスに関する相談のほか、乳幼児の育児や発達に関する相談が受けられる。メンタルヘルス全般に関する電話相談や訪問も行っている。アルコール依存症やひきこもりの相談に応じているところも多い。
医療機関（有料）		総合病院、単科の精神科病院、診療所。臨床心理士が最も多いのは精神科。心療内科や小児科などにもいる。独立した医療相談室や心理室を持つ病院もある。医療機関では、医療の一環として臨床心理士による心理検査やカウンセリングを受けることができる。合わせて医師の診療を受けることが必須（医療の対象となる病気や症状がある方が対象）。グループ療法や、精神障害者の社会復帰支援の一環としてデイケアやナイトケアを行っている機関もある。ここで行われる心理検査やカウンセリングには医療保険が適用される。
学校（無料）		多くの小・中・高校にスクールカウンセラーが配置され、学校生活やメンタルヘルスの問題、親子関係の問題について相談することができる。必要があれば校医と連携しながら対応。公立小学校・中学校・高校のスクールカウンセラーは多くが臨床心理士。
大学付属の相談機関（有料）		臨床心理士を養成している大学院の大多数には、大学院生の実習機関として、外来の心理相談室が設けられている。名称は臨床心理相談室、心理教育相談室、心理相談センター、心理臨床センターなど。大学院には、さまざまな心理学的問題を専門としている教員が何人もいるので、こうした機関では幅広い心理的な問題についての相談が受けられる。実習機関を兼ねているので大学院生が教員の指導を受けながら面接を担当することもある。そのため、私設心理相談機関などに比べると相談料は低く設定されており、多くは1回2000～3000円程度。必要のある方には医療機関も紹介する。

いうような、いわば逆転裁判になったわけではありません。グレーが白に変わったわけではないのです。

卒業する子の中には、今までの凸凹が嘘だったみたいに成長する子もいますが、多くの子の場合、特性は特性として残っているけれど、その子の成長の度合いの方が大きくなったために社会と折り合いがつけられるようになるのです。凸凹の大きさより成長の大きさが勝ると生活に適応できるようになるというわけです。

例えば、知能に問題がない子どもの場合、こだわり、注意力、コミュニケーションの問題などの自分の特性が、年齢を追うごとに改善していくということはたくさんあります。年齢を追うごとに経験が増えていきますから、経験の中から学習できることがたくさんあるのです。自分の特性はずっと持ち続けますが、経験の中から「考える力」や「失敗を減らす工夫」が養われるのです。

〈我が子は白か黒か？　金色ならそれでいい〉

ブログの読者からのコメントで、「相談してみるべきか否か」、という悩みがよく見られます。ブログの読者は小さい子どもの親が多いので、子育て経験が短いことから「（相談は）卒業もありうる」という先のことが想像できません。ですからその入り口（相談）に一度入ったらもう出られないのではないかと考えてしまうようです。どうしても、「相談する」＝「白か黒かを決める」というふうに考えてしまうのでしょう。

我が子は発達障害か否か。

こう考える時、親は自分の感覚で「白か黒か」の判断をしようとします。みなさん自身、自分は「白」だと思っているので、我が子は自分と同じ「普通のグループ」か、それとも別の「障害のグループ」なのかを見極めようとしがちです。でも、私自身を含めて問うのですが、私たちはいったい、どこまで「白」なのでしょうか？　誰がここまでは「白」ここからは「白」じゃないと決めるのですか？「普通」という言葉がほとんど幻想であるように、「白」「黒」も、とても曖昧な概念です。医者によってもその概念は違う。心理士によっても違う。親によっても違う。

それに、そもそも「グレー」という色には黒が混ざっています。ですから、グレー色は白色にはなりません。まずは、グレーを白にしようと思わないでください。いえ、もともと真っ白な人などこの世にいませんよ。

動かない真実、それは「白」か「黒」かではなく、「金色」かどうか、です。「白黒」を見つけるのではなく、子どもの金色の可能性を見つけましょう。子どもの笑顔が増えること、子どもが自分の力を発揮できること、「あっ、この子の可能性見つけた！」と思う瞬間、ここを探求してほしいのです。幼稚園くらいの時は、金メダルって全体にひとつではなく、頑張った子はみんながもらえるものでしたよね。それと同じ手作りの金メダルをあげるチャンスを逃さないことです。そのために相談所や療育があるのです。相談所は「使う」ものです。「診ていただくところ」ではありません。親御さんがもっと主体的に関わっていいところなのです。

とはいっても、難しいですよね。専門家の先生がいるところでは、どうしても腰が低く（それとも腰が引ける？）なってしまいますよね。うまく質問もできないうちに診察（相談時間）が終わってしまったりしますよね。先生の持つ知識よりも知名度よりも、よい「出会い」が大切です。みなさんにたくさんのよい「出会い」がありますように。

〈医師が変われば診断も変わるのか？〉

知人からこう質問されたことがあります。

「同じ子どもを診断すると、どのお医者さんでも同じ診断になるの？」

「同じ子どもの検査結果の所見を書くのに、あなたとほかの心理士は同じことを書くの？」

答えは「ノー」です。

もちろん、お医者さんの診断はほぼ同じ診断になるとは思いますが、検査してすぐに診断する先生もいるでしょうし、検査せずにしばらく面接を重ねてから診断する先生もいます。そして、子どもが生活に困らなくても診断を出す先生もいるでしょうし、生活に困って初めて診断を出す先生もいるでしょう。

そして、同じ子どもに心理士がみな同じ所見を書くかといえばそうでもありません。子どもの状態に加えて親の精神的な体力や資源を加味したうえで言うこと（言うことの順番）を考える心理士もいれば、「自分の仕事は子どもを診ること」と割りきる心理士もいます。心理士の仕事としては、後者のように子どもの発達を正確に捉えて、子どもの特性についてだけを親に伝える、というのが正しいのかもしれません。子どもの発達の状態だけを正確に説明するなら、どんな親御さんにも同じ説明になるからです。

でも……。

子どもの発達の状態（特性）だけを正確に捉えるだけに終わってしまったら、それこそ「白か黒か」のけりをつけるための相談（診断）になってしまう恐れがあります。この本を手に取っているお母さんたちには、ここに気をつけてほしいなと思うのです。

・なぜ検査を受けることになったのか？
・結果から何を知りたいのか？

この2つの問いかけをご自身にしてみてください。受診するのは診断名が欲しいからではなく、明日からの手立てが欲しいからではないでしょうか。

と思うのです。

〈子どもの特性や診断名の知識にばかりとらわれませんように〉

グレーな子ども、発達凸凹の子どものお母さんたちには、ここに注意してほしいと思うのです。

受診したり検査を受けるのは、子どもに白黒をつけるためではありません。

詳しい知識や最新の技術を伝授してもらうことも大切ですが、もっとリアルに「ではどうしたらいいか」ということに一緒に向き合ってくれる先生を選んでほしいのです。親御さんたちだって、どうしたらいいかがわからないから病院や相談所の門をくぐっているわけです。「明日からこうしよう」「やっていることは合っていたんだ」「こういうところを変えないといけない」等々、明日へのヒントや活力が湧かなければ受診したり相談する意味がありませんよね。「あなたが自分で考え決めるのですよ」と傾聴するだけのところは役に立ちません。カウンセリングにおいて発達障害のアプローチとそれ以外のうつなどのアプローチは違います。明日からの手立てがわかるようなアプローチをしてくれる病院や相談室を選んでください。「うちの子は『白』であってほしい」こういう思いは白紙に戻して、「白でも黒でもいい。今、子どもにとって何が一番得策か？」ここに集中してください。ここに集中すれば、子どもの目線に立てるようになると思います。子どもの目線に立つことが解決の一番の糸口です。

親が気にする「診断を受け入れるべきか」――そんなこと、大した問題ではありません。親が気になることがらよりも子どもの気持ちを最優先してください。白か黒かが気になるのは親です。小さな子ども本人は白でも黒でも気にしていません（大きくなれば別ですが）。レッテルを貼られることで抵抗や恥ずかしさを感じているのは「親」です。子ども本人ではありません。

〈子どもに最も影響を与えるのは環境〉

繰り返し「問題は白か黒かではない（特性のある／なしではない）」と説明してきました。「白か黒か」が気になるのは子ども本人ではなく親の方なのです。学童期くらいまでの子どもは自分に特性があろうとなかろうとそんなことに関心はほとんどありません。ですから、「白」とか「黒」という価値判断は子ども本人には関係がありません。子どもにとっては楽しくいきいきと幼稚園や学校に通えること、笑顔でいられることが一番大切なのですから、子ども本人に関心がないこと（＝白か黒か）は親も考えるのをやめましょう。

では、子どもに直接関係があることとはどんなことなのでしょうか？

それは「子どもが置かれる環境」です。子どもはその置かれた環境に大きく影響されるからです。

例えば、

・子どもは幼稚園や学校で、どのくらい人より頑張らないといけない状態ですか？
・子どもには楽しく過ごせる時間や場所が確保されていますか？
・子どもには何人の理解者がいますか？

このような視点で環境を見直してみてください。子どもには自分が主体となって頑張りたい分だけ頑張れる環境（必要のないことまで頑張らない）、そして、周囲の正しい理解のもとで楽しく過ごせる環境が必要です。

そしてこうした適切な環境を与えるには、子どもの能力や好み（好き嫌い）を親自身が正確に知っておくことが必要になります。そのためには親が子どもの目線に立って、子どもの能力の「程度」（何ができて何ができないか）や、子どもの特性の「程度」（どこまでなら我慢ができてどこからできないのか、どれくらい好きなのか嫌いなのか、本当に笑いたくて笑っているのか、など）を理解しておく必要があります。子どもに最適な環境を用意するためには、子どもをよーく観察し理解する必要があるのです。

育てるのに楽な子もいれば難しい子もいる。

難しいから相談してみた。

療育に通ってみた。生活するに困らなくなったから卒業した。

困っているなら続ければいい。

とにかく子どもが白か黒かということを追い求めないこと。病院を受診したり相談所に行くのは、子どもに白か黒かの境界線をひくことではなく、明日からの手立てを見つけるためです。

子どもが一番影響を受けるのは環境なんだ……。ということがおわかりいただけましたか？

それでは、第2章からは最初にお話しした「集中すべき4つのマインド」についてお話ししていきます。これからお話しする4つのマインドは、言い換えれば、「発達凸凹の子どもの親の心がまえ」です。「心がまえ」をまずおさえておくことで、ぶれない子育てができるし、いろいろなテクニックも活かされてくるのです。

私のブログから

「あまり耳にしないけれどホントの話」①

こたえは子どもの中にある

発達凸凹の子にはこだわりがあります。10人いれば10通りのこだわりがあります。

順番にこだわる子。強迫観念がある子。でも、青年期に入ると、こだわりは形を変えていきます。形を変えるだけでなく、品を替えます。きっとひとつのこだわりに慣れてくるとほかのことに関心が移るのでしょう。

強迫観念よりも友達がいない寂しさに苦しくなったり、他者を観察できるようになると新しいことが気になってきたりします。

でも、どれも苦しいことに変わりはない。聞いているこちらも胸が苦しくなります。

どうにかその苦しさを緩和できないだろうか。周囲（環境）を変えることはできないだろうか。いろいろ考えます。

周囲の人である私たちは、理論立てて原因を探ったり、戦術を考えてその結果を予測したりします。頭の中で思いをめぐらせるのも時間がかかります。方法論に夢中になったり、出口が見つからなくなると国や学校のせいにしてみたり。何かのせいになってしまうと、大変です。「子どものため」という視点を見失ってしまうから。

私は、次にその人に会うまでに本人が希望した資料を集めたりします。こちらが先導して何かを提案することは稀です。あくまで本人がしたいこと、欲しいことを一緒に追い求めます。でも、次に会うまでに2週間から1か月という時間が開いてしまいます。

そうすると、みんなたくましいもので、もう前回求めていたものはもう求めなくなっていたりします。

えー、あんなに寂しいって言って、居場所が欲しい居場所が欲しいって言っていたのに、もういいのー？

えー、あんなに職場で腹を立てていたのに、今は大丈夫ですって笑顔を見せているよ。

もちろん、ひとつのことに長く長く悩む場合もありますが、私たち周囲の人間が予測できない展開を迎えることもしょっちゅうです。

障害の有無と関係なく、人は考えすぎるとお互いが全然方向違いの方にひとり歩きしていく恐れがありますから、あれれ？　と気づいた時には子どもと離れてしまってこちらが迷子になってしまうこともあるのです。

いつも、こたえは子ども（本人）が持っているのです。

こたえはいつも子どもの中にある。

気づきが起こるタイミングも、次のステップに進む気持ちになるのも、すべて本人にしかわかりません。

人として何がよいことかとか、正しい方法はどれだとか、責めるべきは誰々だとか、
そういうことは子どもの何の役に立つのかな？　子どものためになることは子どもの中から探すこと。

第2章

障害の特性がある／ないにとらわれず、その「程度」が問題であると知ること

～4つのマインド❶～

〈白か黒かではなく「程度」の問題〉

さて、ここからは、「はじめに」で述べた4つの必須のマインドについてお話ししていきましょう。発達障害またはグレーゾーンの子育てにおいて集中すべき4つのポイントについて説明していきます。

最初は「障害の特性がある／ないにとらわれず、その『程度』が問題であるということを知ること」です。

発達障害があっても、立派に社会に出ている人はたくさんいます。ADHDはもちろん、LDだってアスペルガーだって、ちゃんと仕事をして収入を得ている人はいるし、結婚している人もいます。つまり、生活の適応性のあるなしは、発達障害

のあるなしで分けられる問題ではないのです。特性のあるなしではなく、その「程度」に鍵があるのです。どのような特性を持っているのかというよりも、その「程度」に合わせたフォローが肝心なのです。人それぞれ程度が違う。特性を持つ部分も違う。程度に合わせたオーダーメイドのフォローが必要なのです。

〈許される程度と許されない程度？〉

ところで、特性に許される「程度」とか許されない「程度」はあるのでしょうか？

これは親御さんの生きてきた経歴にもよるでしょう。親御さんの性格によっても許容範囲は変わってきます。「許せる程度」「許せない程度」というのは人によりまちまちです。自分を取り巻く周囲の環境が「許してくれる程度」というのもまちまちですから（国によって、地域によって違います）、この「程度」というものにも「標準」というものがありません。

それでも、「許される程度」の定義をできるだけ多くの日本人の共通項から見出すとすれば、

1．子どもが学校生活に無理なく参加できて、
2．授業についていけて、
3．人に迷惑をかけない（傷つけない）程度

というあたりかなあ、と思いますがいかがでしょうか。この3つがお子さんに備わっていれば、日常生活にそれほどの困り感は生じないのではないでしょうか。

この3つが備わっているにもかかわらず、お母さんがまだ何か心配しているとしたら、それは「漠然とした心配」か「期待のかけすぎ」です。漠然とした心配は解決方法がないのでとりあえず忘れてみましょう。右の3つができていれば、それ以外のことは期待のかけすぎです。

しかし、右記の3つのどれかで悩んでいるお母さん（子どもの程度が重い）は、日々の生活の中でなんらかの工夫が必要でしょう。

それではどんな工夫ができるのでしょうか。引き続き考えていきます。

〈「親が気になること」は後で解消する〉

親の心配事が発達障害の「特性」に限らない場合があります。そしてその「特性」以外の心配事が生活を複雑に、そしてゆううつにしていることが多いとお見受けしています。

「特性」に限らない、親の「別の心配事」とは？

それは、「親がどうしても気に入らないこと」です。例えば、

「子どもがあいさつをしない」
「子どもが友達と遊ばない」
「子どもが汚いことをする」などなど。

ここまで読んでお気づきの方もいらっしゃると思いますが、こういった「親が気に入らないこと」というのは、たいていは後（数年後）になれば解消することがほとんどです。

あいさつだってもっと大きくなればそこそこできるようになるし、友達だって、欲しいと思うようになります。身の回りの汚れが気にならないのも、思春期になっ

て好きな異性ができれば一瞬で解消されたりするのです。

子どもがあれもこれもできなくて、親の思い通りにいかなくてイライラしてしまった時、ご自身にこう問いかけてみてください。

「私は今、『子どもの特性』で悩んでいるのか？　それとも、『自分（私）の気に入らないこと』で悩んでいるのか？」

イライラしているさなかにこんな問いかけを自分にするのは難しいと思いますが、今こうして本を読んでいる時のような、気持ちが平静（フラット）な時に、この問いかけを声に出して言ってみてください。

「私は今、『子どもの特性』で悩んでいるのか？　それとも、『自分（私）の気に入らないこと』で悩んでいるのか？」

「自分の気に入らないことで悩んでいる」と気づいたら、すぐにその考えは捨てて忘れてしまってください。親が気に入らないことは、たいていは子どもが大きくなれば解消することですから。

〈「許される3つのこと」ができなかったら〉

今、気になっていることが「（親である）自分の気に入らないこと」でなく子どもの特性についてであり、かつ、

1．子どもが学校生活に無理なく参加できて、

2．授業についていけて、

3．人に迷惑をかけない（傷つけない）程度

これら3つの「許される程度」があてはまらない場合、残念ながら、お子さんの発達の凸凹の「程度」は重いと考えた方がうまくいきます。

もしあなた自身が子どもで、右記の1～3にあてはまらず、「学校に行きづらくて授業についていけなくてつい人に乱暴をしてしまったり言葉の暴力でその場を壊してしまう」という状態だったらと考えてみてください。

とてもじゃないけれど学校にいるのが嫌だろうし、一日中緊張しているだろうし、ストレスがたまる一方ですよね。大人が自分でも苦痛だと思うことは、子どもにとってはさらに何倍もの苦痛があるに違いありません。

これら3つの「許される程度」にあてはまらない子どもたちには「二次障害」を引き起こさないような注意が必要です。二次障害とはもともとの発達の特性（対人関係の苦手さやこだわりなど）がきっかけとなって、新たな症状（多動、パニック、かんしゃくなど）が出てしまうことです（第3章で詳述します）。相談機関、医療機関、学校（通級や保健室を含む）の職員ときちんと話し合って、子どもにとって最善の環境を整える努力をなさってください。家庭でもハードルの高い無理な要求を子どもにしていないか等の見直しをしてください。

〈できないと思ったら役を降りる〉

この本の冒頭に話が戻りますが、「そんなこと言われても、私の力じゃできないよ！」というお母さんもいらっしゃると思います。そうですよね。もし自分の気持ちも整理がつかないとしたら、子どもの環境を整えるなんて考える余裕などありませんね。もし、お母さんが

1．子どもが学校生活に無理なく参加できて、

2．授業についていけて、
3．人に迷惑をかけない（傷つけない）程度

が「できているならばよしとしよう」とストンと落ち着くことができるなら、お母さんの今の精神状態は落ち着いていると言えるでしょう。でも、「そんなこと言われてもできないよ！」と思ったとしたら、今お母さんは精神的に追い詰められている状態なのだと思います。こういう時はお母さんが抱えている問題の荷が重すぎるということです。ご自身が背負っている荷物が重すぎるから身動きが取れない状態なのでしょう。「私の力じゃできないよ！」と身動きが取れなくなっていたら、母親役をいったん降りましょう。

どうやって役を降りるか？　まずは、「今すぐどうこうしたところで解決しない」「もともと改善には時間がかかるものだ」と考えて、今すぐ何かしようとすることをやめてください。そして1～3のことを実現するための方法が全く思いつかないとしたら、今はお母さんの心の準備が整っていないと考えて、他者の力を借りることをお勧めします。お子さんのことよりもむしろお母さん自身と向き合ってみてください。お母さん自身が「こうあるべきだ」「このままじゃいけない」といった観

念にとらわれていることが大きいと思うので、お母さん自身がカウンセリングを受けるとか、昔からの友達や気の合う友達に愚痴を聞いてもらうなどして「ガス抜き」をしてください。お子さんの問題ではなく、「自分」のガス抜きですよ。「もう今月は子どものことは考えない！」と決めてみることもよいと思います。1か月くらい子どもの問題解決を先延ばしにしたって大したことにはなりません。

子どもの話ではなく、あなた自身の話を聞いてもらえる人がいるといいのですが。

〈「程度」が重いと最初が大変？　軽いと後から大変？〉

「程度」の話に戻りましょう。さて、内科の病気ですと、「程度」は軽いより重い方が大変です。症状が重ければすぐに病院に行かないと心配だし、症状が軽ければ「まあ、病院に行かなくても、様子を見よう」ということになりますね。発達障害の場合はどうでしょうか。「程度」が重い場合だけ注意深くすればいいのでしょうか。「程度」が軽ければ「とりあえず大丈夫」ということで「普通モード」に切り替えていいのでしょうか。

答えは「ノー」です。

「程度」が重くても軽くても、注意深く我が子を見つめ、観察し続けることが必要です。

ただし、重いか軽いかで歩むコースが変わっていくのです。

例えば、「程度」が重い場合は、学校で子どもの行動が目立つため周囲が放っておいてくれません。「どこかに相談に行けば？」と勧められたりします。担任だけでなく養護教諭や学年主任やスクールカウンセラーと顔見知りになる確率が高いのも重いタイプです。医療機関で診てもらった方がいいと言われることもあります。「診断」「通級」「特別支援」「療育」という言葉が早い時期に耳に入ってくるのも重いタイプの子どもでしょう。

こんな言い方をすると驚かれる方もいらっしゃるかもしれませんが、重いタイプの子どもの方が、情報が早いうちから耳に入ってきて手立てがわかりやすい分、楽な面もあるのです。

一方、「程度」が軽い場合は、学校では「低学年なんて（男の子なんて）こんなものよ」と言われたり、「のんびり屋さんなのね」「マイペースなのね」「末は博士ね」なんて言われて、手立てがないまま日々が過ぎていきます。担任の先生も「この子は診断が必要だ」とは思いつかないし、「変わっているな」と思っても、自分が担任の期間はたったの1~2年なので、その間は様子を見ていればいいと判断します。きめ細かいところに気がつく先生だと子どもの特性についての指摘があるかもしれませんが、多くは「様子を見る」という形で過ぎていくのではないでしょうか。担任はせいぜい2年間くらいしか責任を持ちませんからね。

でも、親御さんは「学校が何も言ってこないから大丈夫だろう」と思ってはいけません。もし学校から何の指摘がなくても、お母さん自身に気になることや心配なことがあったら、それをやり過ごさないことが肝心です。お母さんは自分の直感をもっと信じてください。他人の「様子を見ましょう」という逃げ腰の言葉に安心してしまって、ここでやり過ごしてしまうと、子どもが突然不登校になったり、暴力を振るったり、身体症状（発熱や下痢など）が起こる場合だってあるのです。あるいは、受験勉強ができないとか、進級や卒業ができないとか、そういう切羽詰まったことが起こって初めて、その原因（発達障害があること）を親子で知ることになる場合もあるのです。

こうして後から困る軽い子の場合の方が、結果としては最初から重いとされていた子どもよりも困難な経過をたどる場合があるので注意が必要なのです。「重い」から心配、「軽い」から安心、というのではなく、どちらもたどる道筋は違うけれど注意深く子どもを見つめるのが必要なことに変わりはないのです。ただ、「重い」と「軽い」では、たどる道筋が違うので、道筋を見極めるために「程度」を知ることが大切なのです。

〈「軽い」場合は過敏になる必要はないけれど〉

とはいえ、現在特別な支援の必要は感じないし、ちょっとかんしゃく持ちで困ってしまうこともあるけれど、そこは仲よしの子がなんとかしてくれるし……。という軽い場合のお子さんもいると思います。その場合はそれほど過敏になって発達障害の勉強をしなくてもよいかと思います。でも、発達の凸凹と関係なくどの子どもも得意・不得意を親が知っておいてあげるべきだと思うし、子どもが楽しそうに学校に行っているかいつでもチェックをしておく必要はあると思います。

そして、どのくらい学校の勉強についていけているのかを知っておく。それには家庭学習の時間がいいチャンスになります。ちゃんと子どもの隣に座って、一緒に勉強してみてくださいね。そういえば、小学校1年の頃から椅子の高さを上げてあげずに、中学生になって椅子が低くなりすぎて、子どもの首が痛くなるまで気がつかなかった、という親御さんがいましたっけ。「上から目線」だと気づかないことがたくさんあるんです。「～をしなさい」と指示を出すだけではなく、隣に座って「一緒に」が基本です。子どもと同じ目の高さで。

まだ起こってもいないことを並べて、親御さんたちを脅かすのもよろしくないとは思いますが、そういう細やかなチェックを怠ると、子どもが進級（卒業）できない、突然学校に行けなくなった、といった危機場面が訪れた時に、どうしたらいいのかがわからなくて困ってしまいますので、ここで少しみなさんに注意喚起しておきたいのです。特別なことをする必要はありません。お母さんが子どものことをしっかりとした観察眼で見ていれば大丈夫です。

「この子はここまでなら我慢できるんだ」「こういうことが好きでああいうことが嫌いなんだ」「こういう場面が苦手なんだ」といったことを知っておくだけでオーケーです。そういった子どもの志向がわかっていれば、進級や進学場面で急に子どものことがわからなくなることはないでしょう。

〈軽いタイプでも二次障害は起こる〉

「軽い」タイプであっても、二次障害は起こります。軽いタイプは一次的な障害（特性そのもの）がもともと見えにくいために、いきなり二次障害が現れて、何が起こったのかさっぱりわからなくて親子で道に迷ったように混乱してしまうという恐れがあるので、軽いタイプも二次障害予防には気をつけた方がよいでしょう。

ところで、「二次障害」という言葉はご存じですか？

ここで今一度、「二次障害」について解説しておきましょう。

「二次」というくらいだから「一次」というのもあります。一次障害は「中核障害」とも言って、発達障害の特性そのものを指します。例えばやることの順番が決まっていて、その順番が狂うのが耐えられないとか、どうしても一度にひとつずつしかできないとか、細かいところまで見えなくて見落としたり転んだりしてしまうとか、聞いただけでは（見ただけでは）覚えられないとか、そういう特性そのもののことを「中核障害」すなわち一次的な障害と言います。

そして、そうした特性による不自由を克服できなかったり、周囲がそれを理解してくれずに叱られたりして苦しくなり、かんしゃくや暴力を振るうようになるその行為が「二次障害」です。他者に向ける攻撃性だけでなく、自分の頭を床に打ちつけるなどの自虐行為（または自傷行為）となって現れる場合もあります。言葉で伝えられない（伝わらない）となれば、体で表現するしかありませんから、これは無理もない行為だと言えます。

発達障害の特性である一次的な「中核障害」を適正に対処できないと「二次障害」が引き起こされるのです。ですから、子どもの幼少期に、子どもができないことを親が理解できずにガミガミ叱ってはいけないのです。これは定型発達（発達障害がない人の呼び方）であっても言えることですが、発達障害がある子どもには特に注意が必要です。

参考文献：「軽度発達障害と思春期」古荘純一　明石書店（２００６）

もともと持っている発達障害の特性よりも、その特性がもたらした二次的な症状（二次障害）の方が問題が根深いということが最近では注目されています。もともと持っている対人関係の苦手さやこだわりのある行動や趣味、そしてきわめて限定された活動様式のせいで、もともとは持っていない多動性やパニックやかんしゃくが出現してしまうという二次障害の方が激しく、また改善しにくいので問題視されているのです。

もともと持っている特性が重ければ、それが目立つため周囲に気づいてもらいやすく、周囲の人がストレスを取り除いてあげるチャンスがあるのですが、特性の程度が軽い場合はその特性に周囲が気づくのが遅れてしまうために、子どものストレスが増大し、もともとの特性が気づかれる前にいきなり二次障害が爆発してしまうこともあるのです。

このように、程度が「軽い」場合は、もともと持っている特性に気づくより先に二次障害が出現するということがよく起こるのです。突然激しい二次障害が現れると、親御さんは何が起こったのか理解できずに混乱してしまいます。激しいパニックやかんしゃく、家庭内暴力、あるいは独り言が増えたり自傷行為があったり、不眠や発熱、といったあらゆる不調が起こり得るのです。暴力だけでなくお金を盗んだりといった行為もあります。親としてはそんな子どもの姿を見れば慌ててしまうし、何が原因なのかがわからず深く落ち込みます。何か深刻な精神病にでもかかってしまったのではないかと心配になる人もいます。「軽い」タイプほど二次障害予防には気をつけた方がよいでしょう。

私のブログから

「あまり耳にしないけれどホントの話」②

非行少年に共通した特徴

非行少年のうちどれだけ発達障害がいるかというのは、家庭裁判所の調査と文部科学省との調査の間に違いが生じているように、それぞれ見解があり正確な数字は存在しません。

ただ、少年鑑別所の職員たちの感触としては非行少年にはひとつ、共通した特徴があるようです(「児童青年精神医学とその近接領域」第46巻第4号)。

それは、「彼ら(非行少年)は今まで、どこからも発達的な制約(凸凹)に気づかれておらず、本来彼らが必要とした支援を受ける機会を逸してきた子どもたちだということである」という特徴です。

「最近は、ＡＤＨＤやアスペルガー症候群という名前が世間からも注目されており、病院などの臨床機関で既に診断を受けている非行少年が増えてきた。しかしながら、そうした症例にしても、子どもに問題行動が発現したことに慌てた親が専門機関に受診した結果によるもので、早期に問題に気づかれ、必要なケアを受け、なおかつわれわれのところへ来る症例は皆無に等しい」

これが、私が過去記事で「グレーは思春期に親が精査したほうがいい」と書いた理由です。

療育や相談を継続していた子どもは非行に走る確率が非常に低い（ほとんどない）ということなのです。

早期から適切な療育を受けていれば、行為障害や反抗挑戦性障害に移行せずに済むという確率が高くなるのです。

小学生のうちから、手をかけてあげるといいんですね。

私のブログから

「あまり耳にしないけれどホントの話」③

初保護者会で用意する言葉

4月の初めての保護者会で、どこまで言いますか？　何を言いますか？

一番多いのは、

「やんちゃな子です。痛い思いをさせてしまったらすみません」かな。

「気は優しいんです。でも、つい、心ないことを口走ってしまうことがあります」

「とてもおとなしい子です。なかなか仲よしができない子なので、早くお友達ができるといいなと思っています」とか。

勇気があるママだと、

「子どもには発達障害があります」

「通級に行っています」

「○年～○年まで特別支援級にいました」

など、情報の開示をする人もいます。

あとは、保護者会には徹底して出席しない。

あなたはどのタイプ？

どれでもいいんですよ～。どれにしても、何も変わりません。そう、何も変わらないと思いますよ。

真面目に子どもの特性を説明したところで、聞いてる方は真面目に聞いてませんから。

誰でもそうですが、印象に残ったパーツしか記憶できませんから。だから、正確な情報なんて伝わらないんです。

それに比べると、特別支援級や、通信制など、特性のある子がいるという前提の保護者会は違います。ほとんどの親御さんが、子どもの発達障害について説明します。聞いている保護者の理解度も高い。みなさんが、いかに一生懸命毎日を生きているかがひしひしと伝わってきます。やっぱり、みんな、すでに普通ではない……。

（「みなさんはもうすでに普通の人ではない」２０１４年２／13過去記事）

通常学級の保護者会のなんと退屈なこと。子どもの弁当のおかずの話とか、弁当作りのネタが切れて困るとか、女の子はおかずにうるさいとか、人生においてどうでもいいことばかり話しています。公園での立ち話ならそういう話でもいいですけれど。

発達に凸凹がある子どもの親御さんたちは、もっと自信をもってほしい。どれほど毎日を真剣に生きているか。毎日、「待ったなし」の日々を送ることがどれだけ人生に重みを加えることか。

やりたくてやっているわけではないけれど、人間として日々成熟しています。子どもを踏み台にしてまで成熟なんかしたくないけど、間違いなく成熟しています。一生懸命生きている人は、顔に出ますよ！　「いい顔になれる」と言われると、頑張れる気がしませんか？　わたしはします。頑張れちゃいます。

一生懸命に生きて、「いい顔」になりましょう！

●第3章

〜4つのマインド❷〜

特性にとらわれずに「二次障害」を予防することに集中すること

〈二次障害はどのような症状をいうのか〉

ストレスが長年にわたって続くと、定型発達の人であっても不眠や頭痛などの身体症状や拒食・過食などのさまざまな不調が起こります。幼少期から家庭内で気をつけていても、家庭の外の環境で二次障害が起こることもあります。

また、成長とともに人はいろいろな体験をするわけで、その体験がその子にとって耐えられないものであった場合、ＰＴＳＤ（※１）のような回避行動（思い出すのが苦痛な体験をまるごと忘れてしまう）や異常な反応（フラッシュバックなど）を起こすことがあります。いじめの体験やいやがらせの体験がフラッシュバックを引き起こすことが多いようです。

この「体験のすりこみ」が発達障害児では常識を超えるほどひどくなることがあ

ります。この激しすぎる「体験のすりこみ」も二次障害といってよいでしょう。ショッキングな出来事が強烈にすりこまれて、激しい怒りになったり恐怖心になったりするのです。その怒りや恐怖心たるや、それはものすごいもので一般的な理解を超えるものがあります。これは大人になってからも持続します。公共の場で怒りのあまり大

※1 PTSDとフラッシュバック

PTSDとは、Post-traumatic Stress Disorder の略です。日本語で「心的外傷後ストレス障害」と言います。国際的な診断基準となっているDSM-5では、6歳以下と6歳を超える青年・成人とに症状が分かれています（大きく内容は変わりません）ので、6歳以下の症状を記しておきます。

その子どもにおける、実際にまたは危うく死ぬ、重傷を負う、性的暴力を受ける出来事によって引き起こされる症状で、養育者が同様の心的外傷的出来事を経験してそれを目撃するだけでも症状が起こることがあります。どのような症状かというと、その出来事が繰り返し思い出されたり、不意に思い出されたりして苦痛を味わうという症状です。その苦痛が激しすぎて、その記憶を喪失してしまう場合もあるし、あたかもその出来事が今起こっているかのような体験をすることもあります。これがフラッシュバックと呼ばれるものです。フラッシュバックとは、ただ記憶が鮮明によみがえるというものではなく、現在の状況などは記憶から吹っ飛び、その出来事が実際に今、再体験されるような強烈な体験のことを言います。記憶の喪失とフラッシュバックは解離によって起こる症状です。実際には「危うく死ぬ」「性的暴力」以外の体験でもPTSDと診断される人がいるのも事実です。

参考：DSM-5（アメリカの精神疾患の分類と診断基準マニュアル）

声を張り上げ、後悔しても後の祭りだったり、人が怖くて外出できなくなったりします。そして、一度すりこまれた認知は修正することがとてもとても難しいのです。修正できることもありますが、非常に長い時間がかかります。

こうしてまとめてみると、発達障害の特性そのものよりも、二次障害の方がいかに大変かということがわかります。ですから、特性についてあれこれ知識を増やすよりも、二次障害を極力起こさないような生活を心がける方が賢明だと言えます。

〈二次障害の予防としての「療育」〉

精神科医の本田秀夫先生（信州大学医学部附属病院）は、社会の支援がなくても生きていける自閉症スペクトラムの人たちを「非障害自閉症スペクトラム」と呼んでいらっしゃいます。

「非障害自閉症スペクトラム」は、

- 自閉症スペクトラムの症状は残存している
- しかし、社会適応は悪くない

・むしろ適応の良好な例も少なくない

と定義されています。そして、「非障害自閉症スペクトラム」の子が「障害」としての自閉症スペクトラムにならないための「予防」として「療育」があると言われています。

「療育」は、特性を緩和するだけでなく、二次障害の予防のためにも大きな役割を果たすのです。

参考文献：「自閉症スペクトラム」本田秀夫　SB新書（2013）

〈そもそも「療育」とは？〉

ここで「療育」について少し説明しておきましょう。

地方自治体（市町村）には、発達が遅れている子どもの発達を促進するための「療育」機関というものがあります。「医療」と「保育」を併せ持つ施設という意味で「療育」とネーミングされました。辞書の大辞林によれば「障害児が医療的配慮のもとで育成されること」とあります。

療育機関には、地域差があります。そこにあるのが当たり前みたいに療育機関が充実している地域もあれば、利用したくても利用できなくて困っている人のいる地域もあります。そんな不平等な機関ではありますが、
さて、療育とは何をするところでしょうか。

多くの親御さんたちは療育の場を「特性を治してくれるところ」と勘違いしていらっしゃいますが、実際は少し違います。

実は「発達障害の特性があっても将来困らないようなスキルを身につけるための訓練をするところ」なのです。

つまり、二次障害の予防も含まれているのです。療育機関とは将来困らないようなスキルを習得するところなのです。療育の内容を私なりにわかりやすくまとめると、

①身体のリハビリと似ている
②やることとは、根っこのところは公園遊びと同じ
③小規模な集団の体験ができる

（私流の要約なのでこの定義はどこにも載っていません）

①身体のリハビリと似ている

PTとかOT（※2）とか、身体の機能訓練（リハビリ）は、定期的に通って身体の動かし方や筋トレの方法を教えてもらうところです。そこで専門の先生に触ってもらって体を動かすのが一番効果的ですが、たまに行くだけではあまり意味がないので、先生のやっていることを家庭でも取り入れることが効果アップの秘訣です。

②やることは、根っこのところは公園遊びと同じ

療育とは、今でこそ対象が小学生に上がっている地域もありますが、少し前は就学前の子どもが対象でした。もともと、根っこのところでは、感覚統合（※3）がう

※2 PTとOT

PT（Physical Therapy）とは理学療法のこと。起き上がる、座る、歩くなどの運動面での基本動作の習得や回復を目指すリハビリテーションのこと。OT（Occupational Therapy）とは作業療法のこと。身体や精神の障害がある人が、食べる、着替える、身だしなみを整える、手先を使う作業を行うなどの日常生活動作の習得または回復を目指すリハビリテーションのこと。

まくいかない子どもに刺激を与え、脳から体の各部位にサインを送る機能を発達させるという目的がありました。

これは、実のところは、幼児が公園で遊ぶ効能と変わりないものです。

砂を触る。砂を濡らす。感触を味わう。それを喜ぶ、嫌う。

登る、降りる、速度を感じる、つかむ、ぶら下がる、揺れる。気持ちいい。痛い。

好きだから叩いてみた。好きだから抱きついてみた。

こういう公園遊びの要素は、療育で目指すものとかなり一致しています。

③ 小規模な集団の体験ができる

※3 感覚統合

発達障害がある人の中には感覚が鋭すぎる、鈍すぎるという人がいます。感覚には「触覚（皮膚の感覚）」「固有覚（筋肉・関節の感覚）」「前庭覚（バランス感覚）」がありますが、これらの感覚を上手に統合させることを「感覚統合」と言います。自分の体をコントロールして正しく動かすためには感覚統合が必要なのです。皮膚感覚が過敏なために抱っこや帽子を嫌がる、こまかな動作ができずに食べ物や飲み物をこぼす、動きがぎこちなくすぐに転ぶ等が起こるのも感覚統合の問題があるからでしょう。

公園には予想できない刺激がいっぱいだし親が取り組むには限界がありますが、療育では安全な環境が保証されているし、子どもにどう働きかけたら社会性のスキルを習得できるのかを、療育場面を親が見て覚えて家庭で応用することができます。療育の小集団の中で子どもたちは、ものごとには順番があること、そして決まりがあることを覚えていきます。そして苦手なことを子どもの特性に合わせた教え方で教え、できることを増やしていきます。環境が変わることを好まない凸凹っ子に、同じ環境下で何度も繰り返し作業させることで日常生活に必要な作業や人とのかかわり方を学ばせる。療育ではそういうことをやっているのです。

〈療育は「レッテル貼り」ではなく「スキルの習得」〉

公園での遊びをがっちりと親子で毎日楽しく続ければ、お母さんの子どもへの理解が深まります。そうすればお母さんも立派な専門家です。ただ、やっぱり専門知識に頼らなければならないこともあります。専門家は子どもの「できなさ」がどこからくるのかが推測できるので、療育に行って専門家の手にかかれば、子どもの「できなさ」を補うアイデアが浮かんでくるものです。

療育は「障害」のレッテルを貼りにいく場所ではありません。「できなさ」で困らないためのスキル習得の場なのです。

そんなおいしい場ではありますが、そういうサービスがない地域にお住まいの方もいらっしゃいます。療育を受けたいのに受けられなかったと悔やんでいるお母さんたち、今から自分でもできることはあります。

まずは、お子さんの情報収集から。例えば、公園で……。

お子さんは、さらさら、べたべたは好きですか？

登ったり降りたり、スピードを感じることが好きですか？

くすぐられるのは好きですか？　触られるのは？　触るのは？

ボールはどのくらい投げられるのかな？

人が近づいてきたらどんな態度を取る？

同じ年頃の子どもは好きですか？

あれっ？　と思うことがあれば、「相談機関」を利用してください。保健所や健康福祉課の心理相談（あるいは発達相談）に行ってみてください。就学前後からは「教育相談」という名称になります。年長さんの年には「就学相談」というものもあります。親と子が、特性を個性として受け入れ、療育で、また学校で、家族以外の人たちと上手に交流することができれば、二次障害の危険がぐっと減ると思います。子どもの成長段階に応じてその時々に必要なスキルを手に入れるために、積極的に療育機関を利用してほしいと思います。

〈予防に必要なのは「子どもを理解すること」につきる〉

発達障害の特性である「中核障害」を適正に対処できないと「二次障害」が引き起こされるというお話をしました。特性による生活上の不自由を克服できなかったり、周囲がそれを理解してくれずに叱られるばかりで苦しくなるとかんしゃくや暴力を振るうようになるのが「二次障害」です。これをこじらせると負の体験がすりこまれてフラッシュバックに苦しむことになりかねません。そして、発達障害の特性そのものを改善するよりも、二次障害を改善する方が困難であるという説明をしました。

ですから、二次障害を予防することが実は何よりも大切なのです。二次障害の予防として「療育」があるということもお話ししました。

では、二次障害の予防として家庭でできることはあるのでしょうか。

予防のためには、家庭ではとにかく子どもの理解に努めてください。

子どもに二次障害を引き起こさせる原因はストレスです。苦しい思いが相手(親)に伝わらない。できないということがわかってもらえない。言葉にできないがために誤解される。そもそもなぜこうなってしまうのか自分でもわからない……。そんなストレスが二次障害を引き起こします。

こういったストレスがかかりすぎないようにするためには、子どものその「苦しい思い」を家庭でわかってあげることが必要です。「できない」ということをわかってあげることです。つまり、子どものありのままを「理解」することが予防になるのです。

でも、子どもを「理解」すればよい、と言葉にするのは簡単ですが、これが結構難しいのです。なぜなら、「子どもを理解する」には親に精神的・時間的余裕がないとできないからです。でも特に母親は、分刻みでいろいろな仕事を抱えているし、子どものことはほとんど24時間気にしなくてはならないし、頭の中が休みなく動いていますので、心に余裕なんてなくなっています。お母さんの頭の中こそ一日中「プチパニック状態」なのですから、腰をすえて子どもを見つめて理解に努めるのは難しいものなのです。わかっちゃいるけど、忙しいととっさに感情的に反応してしまいますからね。

それでも、予防の一番の近道は子どもを「理解」することなので、心の余裕がないお母さんにピンポイントでどこを理解すればいいかを説明していきます。

〈理解の糸口・子どもの限界を知る〉

それでは、子どもの何を「理解」すればいいのでしょうか。性格？　学力？　子どものすべて？

発達に凸凹がある子どもが二次障害を起こさないためには、親が子どもの「限界」を理解しておく必要があります。子どもの「限界」を知ることが子どもの理解につながります。

子どもの「限界」を知ることが「理解」の糸口となるのです。

具体的に説明しましょう。

例えば、親子で参加する遊びの会で見かける光景なのですが、子どもが体操を真似するとか、決められたレーンを走るとか、簡単なことができないということがよくあります。親としては、そういうことはできるに決まっていると思っているので、自分の子どもが意外にできないと驚いたり慌てたりしてしまいます。そして、

「お前ならできる！」

と親御さんが叱咤激励する場面を見かけます。正確に言うと「こんなことくらいできて当たり前」と思っていらっしゃるのでしょう。

でもね、今、目の前でできていないのですから、お子さんはそれができないんです。

これが親子の認識のズレです。親御さんは悪気など当然ないし、スパルタ教育しようとしているわけでもありません。ただ、目の前で起こっていることが想定外だから子どもに強くあたったりしてしまうのです。自分の固定観念である「こんなことくらいできるはず」という思い込みが勝ってしまって、目の前のことを認識できずにスルーしてしまうのです。

子どもが泣いている。

子どもが嫌がっている。

子どもが楽しんでいる。

こういった子どものありきたりの行動を、親は意外とスルーして意識しません。

「泣いている理由はなんだろう」（何が苦痛で泣いているのか？）

「嫌がるのは機嫌のせいだけじゃないかも」

「こういうことなら楽しくできるんだ」

というふうに、スルーせずに一歩踏み込んだ洞察をしてみてください。観察するというより、味わいながら観察する感じでやってみてください。そう、「観賞」する感じです。

〈理解の糸口・「おちゃらけ」ではなく「できない」ということを知る〉

子どもがわざとふざけて逃げたり、照れ隠しに笑ってごまかしたりする時、みなさんは子どものことを「なんておちゃらけているんだろう」「ずるがしこいな」と思うでしょう。でも実際はそうではないことがほとんどだと思います。

こういう子どもの行動は、ふざけているからではなく「できないから拒否している」ということがほとんどなのです。笑いを取ろうと思ってやっているのではなく、自信がなくて手をつけられないから逃げているのです。自信がないからやるのに、親が「ふざけるんじゃないの！　ちゃんとやりなさい！」とたしなめたら、どうなりますか？　子どもは「できないこと」を嫌々やらされることになってしまいます。本当は「できない」のだから教えてあげないといけないですね。たしなめても意味がないどころか、子どもの自信がどんどん失われていってしまいます。

「あれれ？　できないのかな？　一緒にやってみようか」と確認することができたら、子どもを理解することができますね。

こういった何気ない毎日の「理解」の積み重ねが大切なのです。「理解する」というのは「ADHDとは注意が向けにくくて……」といった知識の理解のことではありません。思い込みを捨てて子どもを「観賞」する。そうすれば自分も子どもと同じ目の高さになって、子どもの気持ちが見えやすくなります。

子どもの気持ちが見えやすくなれば、二次障害は起こりにくくなります。だって、親が自分のことをより「理解」してくれたら、子どものストレスは減るはずですから。

〈理解の糸口・子どものペースを知る〉

親や周囲の無理解によって、子どもは二次障害を起こします。ですから、我が子がどこまでならできて、どこからだとできないのかを知る必要があります。そして、どんなことならスラスラできて、どんなことは嫌々やっているのか、どんなことには時間が余計にかかるのか、何がある日は朝起きられないのか（何があった翌日は起きられないのか）、そんな日々のデータを心にとめておくのがとても大事なことなのです。これが「子どもを理解すること」です。

これらのデータから、我が子の得意・不得意が見えてきます。

最後にもうひとつ理解の糸口でお伝えしたいことがあります。それは、子どもの「ペース」です。パターン、と言った方がわかりやすいでしょうか。例えば、「お兄ちゃんなら10分で解けるドリルが、弟は1時間かかる」とか、「こういうことは言わなくてもやるのにああいうことは何回も言わないとやらない」とか、「後ろから声をかけると聞いてくれないけれど、目の前でしゃがんで話せば聞いてくれる」とか、そういった子ども独自のペースやパターンです。この、子どものペースやパターンがつかめれば、子育てにあとは何もいらないと言っても過言ではありませんし、二次障害の心配もないでしょう。これができれば、もうこの本も読まなくていいと思います。発達凸凹っ子の先輩ママさんたちは、こういうスキルを身につけて成功しています。

〈我が家ルールの見直し〉

親の「このくらいはできて当たり前」という思い込みと、子どもの実際の「限界」にズレがあることに気づき、子どもの行動を味わいながら「観賞」することができたら、みなさんお気づきになることがあると思います。

そう、「あー、今まで家庭でやらせようとしていたことって、子どもにとってはハードルが高いことばかりだったんだな」ということに気づかれるでしょう。そこで、子どもの成長を促すため、しいては二次障害を予防するために、今一度家庭でのルールの見直しと、ハードルの高さを下げることをお勧めします。

難しいことではありません。親が少しあきらめればいいだけのことです。家事分担や片づけはどこまでやらせるか（どこからあきらめるか）。家庭学習はどこまでやらせるか。親の言いつけは一度に何個までやらせるか。そういったことの見直しです。

例えば「親の言いつけは一度に何個までやらせるか」。

何のことかわからない方もいらっしゃると思いますので説明すると……。

子どもが「行ってきます」と出かける時に、玄関先でいくつもの言いつけをしていませんか？　ということです。

「今日は提出するお手紙があるからね！」

「お母さん今日いないから、遊びに行く時は鍵を閉めてね！」

「昨日話したことを先生にちゃんと言うのよ！」

「今日は帰りに上履きを忘れないでね！」

こういったことを一度に言っていませんか？

そうではなくて、一番大切なことをひとつだけ言いつけましょう。あとはあきらめます。３つ言いつけたら３つともできない可能性が高いですが、ひとつだけにすればちゃんと実行しますよ、きっと。

連絡アプリやメールも同じです。親が出先からメールするのに、面倒なので一度に覚え書きのようにいくつも言いつけを書いて送るのは逆効果です。1回にひとつずつ言いつけて、そのひとつが実行できてから次の言いつけを送る。そうすれば、ほぼすべてを子どもは実行してくれると思いますよ。

それから、親の言いつけが漠然としたものでないかもチェックしてください。

「自分の部屋だけでいいから整理しろ」

「せめて宿題はちゃんとやれ」

「決められた時間に就寝しろ」

これらはすべて「漠然」とした言いつけです。漠然としているのでハードルの高い言いつけです。

「自分の部屋」ではなく「机の上からやってみよう」「手伝うから一緒にやってみよう」と言う。「早く寝ろ」「決められた時間に寝ろ」ではなく「寝る時間が遅くていいのは○○がある時だけだよ」とオプション（猶予）を与えたり、「明日は××があるから寝ないと大変」と言う。とにかくもっと具体的に小さいことから始めてみてはいかがでしょうか。

絶対効果ありますよ。まず、家庭内で「笑顔」が増えます。なぜなら、具体的にやれそうなことだけやっていけば、親も子も意味のない無理をしなくなりますからね。

私のブログから

「あまり耳にしないけれどホントの話」④

ほめ方にもご注意を

ほめ方にもコツがあります。

今は「ほめて育てよ」とよく言われます。その通りなのですが、ほめ方を少し間違えている人が増えているように思います。

「上履き出してえらいね」

「カバンしまってえらいね」

「ノート開いてえらいね」

目に見える行動をひとつひとつほめる。見える行動ばかりをほめていると、「できた」か「できない」かが大事になります。

これは「できる」ことがよいことで「できないこと」が悪いこと、という判断になってしまいます。「できる」＝よいことをした、と評価してもらいたくて子どもが行動するようになることにどれだけの意味があるでしょうか。少なくとも、「できないこと」が悪いこととは思ってもらいたくありません。

今日はできなかったけれどできるようになりたいな。次はもっとうまくできるようになりたいな。

こういう気持ち＝内面を育てたいですね。子どもの内面をほめて、子どもの気持ちを育てたいところです。

今日はとても難しい話をしています。つまり、叱る時は具体的に行動を指摘する。そして、ほめる時は行動ばかりを指摘せずに「すごいね」「頑張ったね」というふうに子どもの内面をほめてあげるのがポイントです。

私のブログから

「あまり耳にしないけれどホントの話」⑤

「ごほうびは先に」のススメ

真面目な人ほど、ものごとの順番を重んじます。それから、発達に凸凹がある人には一度決めたことをかたくなに守る人が多い。

「やらなければいけないこと」をやってからでないと、お楽しみをしてはいけない……。「やるべきこと」ができていないのに「やりたいこと」を先にやるのは悪い子……。

こんなふうに思い込んでいる人は多いと思います。

でも、よく考えてみてください。

特に発達凸凹の人たちは、常に「やるべき」課題がたまっています。「やるべきこと」が次から次へとたまっていくので、ひとつ達成してもまた次の「やるべきこと」が待っています。ほとんどエンドレスなのです。

だとしたら、「やりたい（楽しい）こと」はいつするの？「やりたいこと」には永遠にたどりつかないじゃない！

だから、「やりたい（楽しい）ことはいつするの？」

「今でしょ！」でいいんじゃないですか？

自己肯定感は、達成感や成功体験がないとなかなか身につきません。自信をなくした人が自信を取り戻すのにも、「楽しい！」とか「やってよかった！」とか、「もう一度やってみたい！」といった体験が必要です。そういう体験がないと、次の行動を起こす動機（やる気）が生まれません。

だとしたら、ごほうびは先にもらわないと。

よーく考えてみてください。そもそも、「ごほうび」を考えるのも大変なことです。学習性無力感（※4）になっている子は多いし、成功体験がない子も多い。そういう子は「ごほうび」も思いつきません。「ごほうび」は簡単に手に入るものではありませんからイメージできないのです。

ですから、どんなに小さくても構いません。日常のありきたりのものでも構いません。まずは「ごほうび」を探してみてください。そして、その「ごほうび」をまず手にしてみてください。

映画に行く。

手に入りにくいものを遠くまで行って手に入れる。

子どもが行きたいと日頃言っているところに連れて行く。

習い事を始める。

ゲームとか漫画とか、「もの」でない方がいいですね。「もの」がからんでもいいけれど、できれば、親子で共同作業するとか、ひと工夫加えた方がいいです。そう、思い出になるような「ごほうび」です。

※4　学習性無力感

発達に偏りがある子どもや器用でない子どもは、苦手なものがあるために「やってもできない」「意味もわからず怒られる」という経験が多くなります。そうすると、やってもできない、失敗するということを繰り返し学習してしまって、やる気が起こらなくなってしまうのです。無気力になると人の励ましに応じたり、新しいことに挑戦するとか関心を持つということができなくなってしまいます。学習面にそれは顕著に表れますが、趣味や生きがいを見つけるのも難しくなってきます。

「ごほうびは100点取ってからね！」と言っていたら、いつまでたっても「ごほうび」は手に入りません。人間、「報酬」より「やる気」の方が尊くて大切です。

「報酬」より、「やったー！」という体験の方を増やしてください。どんなにくだらない「やったー！」でもいいんです。

これはお母さんたちにもあてはまりますよ。そっくりあてはまります。お母さんこそ、先に「ごほうび」をどうぞ。お母さんの場合は、「もの」だけでもいいと思います。大人は「もの」だけでもはりあいになりますからね。

第4章

～4つのマインド❸～

子どもの将来（進路選択を含む）の見通しを立てること

〈今までのおさらい〉

これまでに、発達障害がある子またはグレーと言われる子どもを育てるにあたって、集中するべきことが4つある（4つのマインド）とお話ししてきました。まず、①ADHDやLD、自閉症スペクトラムといった名前に敏感になり、それらの特性についての知識を収集することよりも、その特性が「どの程度なのか」ということを見極めることが大切であるということ、そして、②特性そのものよりも二次障害の方が大変なので、その予防が大切であるとお話ししました。いずれにしても、高度な技術や知識は必要なく、我が子を毎日しっかり見つめて理解に努めること（子どもを観賞すること）で見極めや予防ができます。子どもの能力を見極め、二次障害を予防する大切さがわかっていれば、自然とお母さんにも笑顔が増えて、親子とも余裕のある毎日が過ごせるようになるでしょう。①と②について忘れてしまったらページを第2・3章まで戻ってみてください。

次は③の「子どもの将来の見通しを立てる」という話です。今日（現在）の心配でいっぱいいっぱいのお母さんが、どうやって将来に目を向けて見通しを立てたらよいのでしょうか。できることから順にお話しします。

〈「親亡き後」の心配を捨てる〉

いろいろな人が書くブログで、「親亡き後、子どもはどうなる」といった言葉が出てくると、読者が集まりブログのランキングが上がります。みなさんの関心はまさにそこに最も集中しているのでしょう。

親が「どうにかしよう、どうにかしよう」と思っている「親亡き後」ですが、はたして「親亡き後」に子どもはどうにかなるのでしょうか？

ペアレント・トレーニングで知られているNPO法人アスペ・エルデの会CEOの辻井正次先生が発達障害支援についてこう述べておられます。

〝家族支援は重要なテーマです。（中略）グループホームなど、居住を含めた支援も不足しています。そして、「親亡き後」に支援なしで「何とかなる」場合はごく少数で、何らかの支援が必要な場合が多数だと考えられます。〟

引用／「臨床心理学」第14巻第5号 p.621（2014）

「今のうちに何かをきちんと教えれば、子どもは親亡き後は困らなくなる」という幻想を抱いている人が多いように思います。しかし、その考え方は「小さい今のうちにいろいろできるようになれば、大きくなった時に困らないだろう」という発想です。これは定型発達の子どもにはあてはまるかもしれないけれど、発達障害がある場合はあてはまらないこともあるのです。

なぜなら、発達障害がある人は、一度きちんと覚えたことは忘れなくても、その半面、想定外のこと（いつもと違うこと）が起こるととたんに太刀打ちできなくなるという特性があるからです。

親亡き後、想定外のことなんて、きっとひんぱんに起こるでしょう。ある程度のことはパターンで理解できるし応用できることももちろんあるでしょう。でも、いくら今のうちにできるだけ頑張ったとしても、親が生きている間にすべては補いきれません。

何歳になっても「母は死にませんから大丈夫」と言い張ったり、数学ができても1年間にどのくらい生活費がかかるかという相対的な把握ができなかったり、なぜか親の銀行口座には無尽蔵にお金がある（減るということを忘れる）と思い込んだりして、「はあ〜？　そこ？　そりゃ想定外だわ」という目にあうこともしばしばなのです。言葉通りの理解しかできないために、「ポストの中を見てきて」と言われてポストの中だけ覗いて中身を取ってこない、というようなこちらの予測不能なことが起こるのです。親亡き後に何とかならないことのなんと多いことか。

ところが当事者の親御さんたちは「親亡き後」には子どもが他者の力を借りずに生活するということをゴールにしている方が多いために、実際はなかなかそこまでに至らないので苦しい気持ちになっている方が多いのです。その目標設定に無理があるようです。

長年発達障害支援の研究と実践を重ねてこられた先生がそう言うのだから、やっぱり無理なんですよ。ひとり（あるいは両親ふたり）で頑張るなんて無理なんです。

一年中支援が必要な人もいるだろうし、普段はひとりで頑張ることができていて、ちょっとしたハプニングで調子を崩して、そういう時だけ支援が必要な人もいるでしょう。いずれも、親が子どものすべてを一生引き受けるなんて無理なんです。

そのうち世の中も、「支援は必須」という流れになって、「社会で支えていく」という流れは大きくなっていくでしょう。でも今はまだそういう流れになっていないので、親としては不安な気持ちでいっぱいなのもわかります。

「親亡き後」……。とやっきになっても仕方ない。みんなが支援を必要としているのだから、もう少し肩の力を抜きましょう。

「親亡き後」が見えないから不安になるのです。不安になるから焦るのです。焦るから、あれもできてない、これもできてない、と右往左往してしまうのです。「親が生きているうちにどうにかしなきゃ」「ううん、どうにかなるはず！」と思うから右往左往してしまうのです。では、右往左往せずにでーんと構えているためにはどうしたらいいのでしょうか。見えない先の不安から、どうしたら逃れられるのでしょうか。

〈頑張れば普通になれるという考えを捨てる〉

今のままでは親亡き後、子どもはひとりでは生きていけないとしたら、子どもにはどんな将来が待っているのでしょうか?

子どもの将来をイメージするために、「将来我が子にはどういう人生の選択肢があるのだろう?」ということを考えておきましょう。

ここからの話はお母さん方にとってはとても厳しい話になりますが、辛抱強くついてきていただけたらと思います。

「頑張れば『普通』になれるのではないか?」

「いつか、何もなかったことにできるのではないか?」

「小さいうちは個人差があるから、将来はどうにかなる」

こういうことばかり考えていると、そうならなかった時が大変です。実はみなさん、心のどこかにこういうことを考えているから、焦って不安になって、「親亡き後」どうなるの? という発想になるのではないでしょうか。

「頑張れば『普通』になれるのではないか?」という発想は、「今は身についていないけれど、これから身につくであろう力」をあてにしている発想です。この発想は「今は普通とは言えないけれど、いつかは普通になるかもしれない」という根拠のない期待の上に成り立っています。

「いつか、何もなかったことにできるのではないか?」という発想は、「今は目をつぶって待つ」という発想です。今起こっていることを受け入れられないから、ないことにしようと目をつぶっているだけの状態です。

「小さいうちは個人差があるから、将来はどうにかなる」という発想は、「うちの子は発達が遅いタイプで、発達が遅い子は大きくなったら他児に追いつくものだ」と言っているのと同じです。でも、誰か有名な先生が「最初発達が遅い子も、あとで追いつく」と言っているのですか?

誰もそんなこと、言っていませんよね。

「今にこうなってほしい」

「このくらいにならないと、親亡き後ヤバイことになる」

親自身がそう思っているから「将来身につくであろう力」をあてにしようとして

しまうのです。そして、その「身につくであろう力」というのはなんの保証もないただの願望です。

〈今持てる力で戦っていく〉

親はいつも、子どもにどんな力を身につけさせたらいいかと考えています。子どもに人として必要なことを教えるのが親としての任務だと思っているからです。ちゃんとした人間に育てるのが親の義務だと思っていますよね。

でも、その考えを捨ててください。そう考えているうちに、そこに行きつくまでにはうちの子はこれもできていない、あれもできていない……。とできていないことばかりに目がいってしまい焦ってしまいますよ。

去年はできていなかったのに今年はできていることがたくさんあるのに。

明日身につくかもしれない力で今日を生きることはできないのに。

お子さんが前はできなかったのに今はできることをあげてみてください。そして、その手持ちの力を使って家庭の中で何かを成し遂げたことがあるはずです。それを思い出してください。どんなささいなことでも、そのことでお母さんが助かったな、ありがたいなと感じたことはありませんか？　いつも繰り返し頼んでいたことを頼まなくてもやってくれていたり、何度言っても開けっ放しだったフタを閉められるようになっていたり……。

あるでしょう？　絶対にあるはずです。

それだけで今日のところは十分です。お母さんを喜ばせるような成長を遂げているお子さんは、きちんとお子さんのペースでスキルアップしていきますよ。間違いない。

今、持てる力だけで子どもは十分成長し続けるのです！

そうやって子どもの成長を背中から見守る習慣がつけば、親自身が将来の見通しを立てやすくなります。

参考文献：月刊「発達教育」2013年7月号　浜田寿男「子どもの育ちと家庭の役割」

〈子どもの将来は選べるのか〉

私たちは今、生き方にいろいろな選択肢があると思っています。家を継ぐもよし、手に職をつけるもよし、専業主婦でもキャリアウーマンでもよし、母親の仕事が忙しければ子どもは保育園、仕事をしていなければ幼稚園。そして、幼稚園にもいろいろあるから、のびのび保育タイプとがっつり教育タイプ、どっちにしようか云々。子どもの将来も選べる……。そう思っていませんか？「私の生き方」、「子どもの生き方」どう選んでいこうか、と。

私はこの「生き方」という言い方にいつも違和感を覚えてきました。というのも、「生き方」という言葉は「私の生き方」「彼の生き方」というように、そこには生き方を「選ぶ」というニュアンスが含まれているからです。

私たちの人生はむしろ「選べない」ことの方が多いのに。

背が低く生まれればどう頑張っても背が高くはならないものですし、なんらかの障害を持って生まれれば、それを引き受けて生きるほかありません。そんなふうに人はみな、それぞれに与えられた条件があって、それ以外を選ぶことはできません。引き受けていくのみです。

そうやって自分に与えられた条件を引き受けて、そのうえでなんとか自分らしく選べるところは選んでいく。「選べる」部分ももちろん大切にしながら、一方で、

「選べなさ」にもしっかり目を向け、それを引き受けて、そこにそれぞれの「生きるカタチ」を見つけていく。生きるとはそういうことです。「置かれた場所で咲きなさい」というベストセラーの本がありましたね。その通りなのだと思います。

　時代によって、そして生まれた国によって子どもたちの「生きるカタチ」はおのずと違ってきます。ただ、今という時代は、ある意味非常に特異で、選べなさよりも選べることが前面に押し出されて、どのような人生を歩んでいくかは自分たち次第であるかのように思われがちです。

　自分の人生は自分次第――そういう錯覚に陥りがちな現代なのです。努力次第で自分の理想には近づけるけれど、そもそもその理想だって自分の持てる力を引き受けたうえに立てた理想でないと、理想が幻想で終わってしまいます。

　つまり、「生き方」を選べると思うのは錯覚なのです。人生は選ぶのではなく、それを引き受けて生きていくものなのです。

〈選べないけれど用意することはできる〉

「今、うちの子ができること」と「親が将来子どもにできるようになってほしいこと」を一緒にしないようにという話をしてきました。そして、生き方を選べるというのは錯覚で、今持てる力を引き受けて生きていくしかないという話をしました。選べることということはほんの少ししかなくて、「今、持てる力」で生きていくしかないのです。だから「今、できていること」だけで十分なのです。それだって前はできなかったこと。それができるようになっているんですから、大きな成長なんです。

親がそれをちゃんとわかってあげてほめることができれば、子どもは必ず成長します。

親が子にしてあげられることとは、「できるようにさせること」ではなく、せいぜい子どもの将来の見通しを立てる「お手伝い」をするくらいでしょう。

今、我が子は何が得意なのか。何が得意だと思っているのか（客観的に見て得意ではないものを得意だと言っている場合もあるので）。何が好きで何が嫌いか。どういう場面なら自分を発揮できて、どういう場面では発揮できないのか……。

そういった、今の我が子のデータをしっかりとおさえておいてください。そうすると、おのずと「うちの子、こういう学校に行ったらいいんじゃないかしら」とか

「こういう習い事をさせてみようかしら」などアイデアが浮かんでくると思います。あるいは、「今この状態だったら、普通校はとうてい無理だわね」と察知することもあります。

上から下まで、右はじから左はじまで、思いついた子どもの行先を調べておいてあげてください。通級（※5）、特別支援級、療育（民間も含む）、公立、私立、うちの学区、隣の学区、実家がある学区、などなど……。地元の小学校・中学校がいいに決まっているかもしれないけれど、それが我が子に向いているとは限らない。

そうはいっても、いつなんどきでも一番優先されるのは子どもの気持ち、子どもの決断です。ですから、いくら親がよかれと思った行き先でも、子どもが嫌だと言ったらあきらめてください。結局地元の普通級に決まったとしても、親がいろいろな行き先の可能性を知って準備しておくことは親にとって大きな安心感になります。調べておけば、それが無駄になったとしても、親の頭が

※5 通級

今後はなくなる傾向にあります。それは、各学校にそれぞれ特別な教室を設置するという方向になっているからです。準備が整った地域から順に他学区の通級にわざわざ通うという形がなくなります。

柔軟になって、あらゆる方向もシミュレーションできるようになりますからね。後で無駄になったとしても、調べて用意しておくだけで今後のフットワークがよくなります。

こうやって、子どもの将来の行き先にアンテナを張っておいてください。子どもの将来は選べない。でも、子どもの将来の見通しについては用意しておくことはできるのです。用意してください。ただし、くれぐれも忘れてはならないのは、決定権があるのは子ども自身だということです。

〈「普通に」行けそうになかったら？〉

「普通に」地元の中学や高校に行けそうになかったら、どのような道があるのか？

これを知っておけば心に余裕を持って子育てできると思います。そんな選択肢をいくつか取り上げてみましょう。

- 偏差値が低く、発達に凸凹があってもついていけそうな私立の中学。
- 地元の中学の特別支援級。

●地元の特別支援級が我が子に合わなさそうなら越境入学を考えてみる。
●診断がついているなら、将来の就職率や就職先の断然有利な特別支援学校（普通高校に行くと就職は大変です）。
●高校までどうにか普通校に行って、その後は特別支援学校（職業訓練校）。
●高校は通信制か単位制にして時間的余裕と成績アップを手に入れる。
●とにかく大学進学したいならば、高校まではレベルの高い学校はあえて目指さない（これは本人が大学進学を希望した場合です！）。高校から内部推薦をねらって落ちてしまうこともありますからね。

このように結構、選択肢ってたくさんあるんです。「普通」「普通」と漠然と「普通」を呪文のように唱えませぬように。「普通」という概念は曖昧で、幻想に近い言葉です。できるだけ具体的に選択肢を用意しておくことが心に余裕を持たせるためのポイントです。

選択肢・我が家の場合

―みんなとは一緒にはできないと覚悟を決めた幼児時代―

はじめにお話ししたように、我が家の次男には生まれつき身体障害がありました。背骨の一部が不完全なまま生まれてくるという「二分脊椎」だったのです。うちの場合は歩行は可能でしたが、ふくらはぎやつま先の筋肉が使えないために、運動には制約がありました。また、排泄もカテーテルを使用せねばならず、これが最も息子の生活に支障をきたすものでした。

幼稚園の先生に特別にお願いすることも多く、（それでも受け入れてくださった園長先生には感謝です！）息子はほかの子と同じことを同じようにはできないだろうということが早いうちからわかっていました。私は子どもが障害を持って生まれたとわかってから、「障害」という言葉が避けようのないものとなったので、心を入れ替える覚悟を決めるのが早かったと言えましょう。

うちの子の世界はほかの子よりも狭い（制約があるから）。だから彼の世界はできるだけ広げてやりたい……。こういう思いで、私は彼の就学まで彼のペースに寄り添うことを決めました。彼は生き物が大好きで、裏の小川ではいつまでもいつまでもザリガニを釣ったり、またそれを飽きずに眺めていることが大好きでした。ヤモリを捕まえるのも上手でした（あの瞬発力はほかに活かせなかったのか？）。魚も大好きでよく水族館に2人で行きましたが、その観覧時間の長いこと！　親にとっては苦行でした。排泄の事情があり、トイレもこれまた時間がかかったのですが、魚図鑑を持ち込み、最初のページから最後のページまで魚の名前を覚えてしまうほど熟読しました。排泄の途中痛みで苦しくなる時は、

「お母さん、こんな思いするなら死にたいよ」

なんて泣かれながら、私は付き添いました。だって、「死にたい」と言っている幼稚園児を放っておくわけにはいきませんからね。

今、振り返って思えば、この就学までの数年間がとても大切な時期だったのだと思います。子どもが自分のペースで過ごすことが当たり前で、とことんつ

きあってくれる人がいたから、「自分は特別なんだ、障害持ちなんだ」ということを否定せずにいられれたのだと思います。早いうちから「できなくて当たり前」「できたらみっけもの」というふうに考えていたのがよかったのでしょう。また、自分の気持ちは言っていいんだということもこの時期に彼は覚えたのだと思います。つらいことはつらい、嫌なことは嫌と言えること。このスキルこそがこの先のしんどい人生を乗り越えていける武器になったのだと思います。

―それなのに逆転してしまった小学時代―

ところが、身体的に「できないことは当たり前」ということに慣れていたものの、まさか勉強もできなかったとは思ってもみませんでした。彼は時計が読めず、「残りの量」がわからず、漢字もなかなか覚えられなかったのです。へんとつくりが逆になったり、間がすごく空いてしまって2文字分くらいになったり、交差させる線を交差できなかったり……。これを彼の父親が放っておけず、算数などはできるまで土日返上で特訓してしまったのです。私も「それでできるようになるなら」と黙って見ていました（私はこの頃まだ学習性無力感というものを知らなかったのです）。そして彼は御多分に漏れず学習性無力症になってしまいました。息子が怒られて机に突っ伏して号泣していた時になんで気づいてあげられなかったんだろう、というのが私が最も後悔していることです。

彼は記憶力にも自信がなく、「オレは鳥の脳みそだ。３歩歩くと忘れてしまう」（なんで鳥の脳みそのことを知っていたのか？　さすが動物博士！）と言っていました。また、遊びに誘いに来た友達がうちの外で待たされたあげく、出て行った息子に「お前、それだけ勉強してんのにどうして勉強できないの？」と言っているのが聞こえた時、私はもう切なくて切なくて、涙が込み上げてきたのを覚えています。

最後に付け加えておきますが、息子は書けなかった漢字は５〜６年生の頃には自分で練習して書けるようになりました。不思議です。そして、中学入学後は予想通り英単語を覚えられませんでしたが、中３になる頃に徐々に覚えて書けるようになりました。不思議です。ＬＤだと思ってあきらめてはいけないという貴重な体験をしました。「うちの子これできません。配慮をお願いします」となんでもかんでも言ってはいけないのだと思います。「少しの無理」をただ続けることが子どもを伸ばすのでしょう。

―入れる高校がなかった―

そんなこんなでしたから、中学時代は親子ともども、それはそれは地獄のような毎日でした。何時間もかけないと問題が解けない。家で解けても学校の試験中には頭が真っ白になって白紙に近い答案になってしまう……、の繰り返しでした。個別塾の先生に相談しても、「こつこつやるだけ」といったオーソドックスな言葉しか返って来ず……。それでも塾のお兄さん先生には感謝しています。勉強は大して実にならなかったけれど、先生が息子にとって人生の先輩としてのモデル像になってくれたからです。「オレって、〇〇先生みたいに大学生になるのかな」「〇〇先生が駅で彼女と歩いていて、紹介してもらった」なんて話を聞くのは子どもの成長を見るようで楽しみでした。

本題に戻りましょう。そんなこんなだったので、成績（内申）が全くといっていいほどつかなくて、中3の時点で入れる高校がありませんでした。息子は勉強だけでなく何に対しても自信をなくし、無力感にうちひしがれていたように思います。彼の言葉で覚えているのが「オレは空気だ。クラスの誰もオレの存在を意識していない。透明人間みたいに」。

こういう言葉が親にとっては一番つらいんですよね。

―高校説明会で居眠りしなかった学校へ―

息子にも行きたい高校がありました。親としてはぜひ行かせてやりたかったので、説明会では障害者枠の用意はないのか聞いてみました。すると、障害者枠もいっぱいだとのこと。一般受験では手が届かないのであきらめました。

その高校以外は、息子は全く興味を示さず、「入れるところがないということは、オレは高校に行くに値しないということ。行く必要なんてないじゃないか。勉強嫌いだし！　高校には行かない！」と言われ続けました。だからといって体に不自由があるから就職だって難しい。もう少し体ができあがってからの方がきちんと仕事を選べるだろうと思い、「やはり進学しかないでしょう！」と息子を強制的に高校説明会に連れて行きました。

ところが行くところ行くところ、説明が始まったとたんに息子は居眠りをしていました。この度重なる体験から、「彼はとにかく関心がないと即座に寝るんだなあ」ということを発見しました。もう、即効で寝ますよ。面白いくらいでした。スイッチのオンとオフそのものでした。公立は内申が届かないので私立めぐりをしましたが、その中に通信制をとりまぜて見学しました。

いくつ見学に行ったでしょうか。本人が嫌がるので普通校、通信制合わせて4校くらいだったでしょうか。その中で、たった1校だけ、彼が全く居眠りをせず、目をキラキラさせていた学校があったのです。しかも、それまで彼は未来のことを想像して話したことがなかったのですが（それを親も大変気にしていたのですが）、「オレ、この学校だったら軽音部かアート部だな！」とつぶやいたのです!!　息子が未来の想像をしてくれたのです！　親子で「オレ、ここならやっていけるかも」「うん、ここだね！」と意見が一致しました。嬉しかったなあ。そこは全日登校型の通信制高校でした。

子どものスイッチがどこにあって、いつオンになるのか、親は全く予想がつかないものです。

―高校で別人に変わったのは「自信」と「自分の存在感」を手に入れたから―

小学校、中学校と、いつでも息子はビリでした。足も不自由だったので徒競走はビリどころか拍手をもらう始末。親としてとても嫌でしたね。近所の親御さんたちはよかれと思ってめいっぱい拍手してくれるのですが、違うんですよね。区別（差別）の丸出しです。だから24時間テレビも嫌いなんです。「オレも嫌だったよ」と最近になって息子も言っていました。

本題に戻りましょう。とにかくいつもビリでみんなの背中ばかり見ていた息子ですが、高校に入ったら後ろを振り返っても人がいるという体験をしたのです。「オレはビリではない」「そして、空気でもない！」こう実感したのだと思います。「このプリントさえ覚えれば赤点はまぬがれるよ」と教えてもらった通りにやったら赤点じゃなかったとか（内容も中学の復習程度なのでやりやすい）、「学園祭のTシャツ担当受け持ってくれない？」と担任の先生に頼りにされたり……。

どれが、そして何が功を奏したのか専門家の私にもはっきりしません。でもとにかく彼は高校に入ったとたん、提出物も100％近く出せるようになり、先生からの手紙もその日のうちに私に渡してくれるようになりました。いずれも中学時代はできなかったことです。カバンの底に手紙がたまって厚底になるような子だったんです。

私は一応専門家として、「特性は苦手のまま残る」と信じていましたから、びっくり仰天しました。でも専門家として解釈するとこういうことだと思います。

「世の中にはいろんな人がいる」「できなくても堂々としている奴もいれば、勉強ができるのにおどおどして学校に来られない奴もいる」「こんなオレでも頼りにしてくれる人がいる」「オレがここにいても、誰も否定しない」「ここは嫌なところもあるけれど、居心地は悪くないぞ」「こんなところで満足もしたくないけどな」……。

こういった思いがブレンドされて、ほんの短期間の間に「自信」がつき、「自分の存在感」を自分で感じることができたのだと思います。あとは、学習の課題や提出物の内容が、自分の達成可能な簡単なものであったことも大きかったと思います。「これならできる！」と思えた時に気持ちに大きな余裕が生まれたので、「頭が真っ白になる」といういつもの症状が起こらなくなったのでしょう。頭が真っ白にならずに冷静でいられたことで、記憶が遮断されたり混乱したりせずに、過去・現在・未来をつなげて考えることができるようになったのでしょう。

―いつの間にか大学を目指すように・そして指定校推薦！―

あれだけ「高校には行かない」と言っていた息子が、高校1年の中頃だったでしょうか、「オレ、大学もワンチャンスあるかも」と言い出しました。それでもやはり彼のこだわりがあって、行きたいところはひとつだけ、そう、高校の時あきらめたところです（そこは大学付属でした）。ペーパーテストは頭が真っ白になるので目指すはAO入試です（AO入試はエントリーシートや作文の提出や模擬授業の参加、および面接で合格が決まる試験方式です）。

高校2年の初めから、オープンキャンパスに通いました。彼は方向音痴なので私も同伴しました。行ってみて安心しましたが、親同伴はとても多かったです。大学側としても「高い学費を払うのは親御さんなのだから大学のことをよく知ってほしい」というスタンスで親御さんへの対応がとてもよいです。オープンキャンパスは参加するごとにスタンプを押されたりバーコードで登録されたりしますので、できるだけ足を運んだ方が有利かと思います。また、行くだけでなく、行くたびに学科ごとの相談ブースに寄ってなんでもいいから質問して教授と触れ合うことが大切なようです。私たち親子はそういう努力をしました。

そして、いよいよエントリーシートを提出しようと思った直前に、息子が高校からの指定校推薦の枠をいただけたという知らせが入ってきました。なんと、高校受験のリベンジがかなったのです。勉強はできないままなのに（少しはましになったけれど）、リベンジに成功したのです。作戦勝ちとでもいうのでしょうか？　いえいえ、いつもいつもひたすらに真面目に生きてきた息子の粘り勝ちです。

ここにあげた体験記は、あくまで我が家の体験記です。同じLDタイプでも、注意欠陥がどのようなところに現れるか、コミュニケーションの能力に偏りがあるかないか、得意分野と苦手分野がどんなバランスで存在するか、といった組み合わせによって、子どもは全く別々の経過をたどります。ただ、診断名に頼らずにオンリーワンの歩みができれば子どもはなくした自信を取り戻し、なりたい自分を思い描けるようになるということを感じ取っていただければ幸いです。

私のブログから

「あまり耳にしないけれどホントの話」⑥

悲しい矛盾

なんらかのサポートがないと学校生活を送れないけれど、診断がつくほどじゃないよと言われるのが「グレー」。

逆もあります。発達障害だと診断が出ているのに、それを説明しても特別な配慮をしてもらえず、普通級にしか居場所がない子も「グレー」と言えるでしょう。

コミュニケーション能力が高い子だけれど特別支援学校や特別支援級の子と仲よくできない……。普通級もしんどいけれど、特別支援級もしんどい……。

こういう子も「グレー」なのだと思います。

この子たちは悲しい矛盾を抱えています。例えば、中学進学を考えた時。小学校でも大変なのに、中学に行ったらもっと大変になるのは目に見えています。

それでも中学の普通級に行かないとダメなの？

あるいは、特別支援級がある中学を選ぶことができてもそれで近所に噂が立っていじめが起こったらどうしようと心配して、小学校では通級を利用していたのに中学ではぱったり支援をやめてしまう家庭もあります。

小学校高学年になるにつれて通級の生徒が減っていくという現象もあるようです。中学で「過去に特別扱いされた」ことがばれないためのフェードアウト作戦です。

親としては、いじめが起こったとしたら大変だと思うのでしょう。

でもでも……。

小学校の学習が追いつけないとしたら中学で追いつけるはずがありません。フェードアウトは実質不可能です。子どもはますます混乱してしまいます。ますます勉強についていけなくなる。だいたい、小学校と違って中学は過ごす時間のほとんどが授業なんですから。

子どもをひとり、外国に放り出すようなものです。一日中わからない外国語を聞いているようなものです。そんな場所で座っていられますか？　あとは爆発するか寝るしかないでしょうね。

くれぐれも、「明日身につくかもしれない力」で戦おうとしないでください。「今日持ち合わせている力」で戦ってください。それが子どものためになります。

矛盾が生じた時、ピントは子どもに合わせてくださいね。将来を決める時も、子どもの「今日持ち合わせている力」にピントを合わせてくださいね。それが幸せの秘訣だと思います。

●第5章

～4つのマインド❹～

子どもがいつでも他者に助けを借りられる子になるように育てること

〈自立だけが幸せではない〉

さて、話を４つのマインドに戻しましょう。次は最後の４つ目のマインドについてです。

発達凸凹がある子が自分の持てる最大限の力を発揮して生きていくための、親が心がけるべきマインドの４つ目は、「子どもがいつでも他者に助けを借りられる子になるように育てること」です。

「親亡き後は自立できるようになってほしい」

親の誰もがそう望みますが、発達障害のある子のほとんどはそれがかなわないということは前章でお話ししました。

ところで、人は親も子もみんな、「自立しなければ」「自立もできなくてどうする」と言いますが、本当に自立だけが幸せなのでしょうか?

高学歴・高所得でも精神疾患にかかり通常の生活ができなくなる人もいれば、同じ病気を持つ者同士が支援を受けながら結婚してありきたりだけれども幸せな生活を送る人もいます。あるいは一生親のすねをかじる人もいる。親が裕福でも、親とともに生きることを拒否して、絶縁して生活保護を受けてまで「自立」を望む人もいる。世の中いろいろだし、どれを幸せと呼ぶかは人それぞれです。

この本を手にとっていらっしゃる人たちには、「自立」を目指すのではなく「上手に他者の力を借りるスキルを身につける」ということを幸せの第一歩にしていただきたいと思います。

他者に「助けて」と言えること。他者の力を頼りにすること。このスキルを身につけることこそが大事です。

他者の力を借りながらでも結婚は可能な場合もあるし、可能でない場合もあります。自分の子どもに子どもを持ってほしいか否かは私たち親が考えて望むのはおかしいと思いますし、子どもたち自身が決めることです。結婚して子どもを持つ方が幸せになれるのですか？　それは誰にもわかりませんよね。

「誰にもわからないこと」は考えるのをやめましょう！

「誰にもわからないこと」を考えるのは自分の担当ではありません。役を降りましょう。

〈親は死ぬまで「まだ何もしてあげていない」と思う〉

余談ですが、先日、「おおかみこどもの雨と雪」というアニメ映画を観ました。「おおかみ男」と愛し合い子どもを産んだ主人公。子どもには当然、人間とおおかみの血が混ざっています。子どもたちにはいずれ、おおかみになるか人間になるか、選んでもらわねばなりません。そして、子どもたちはそれを自分で選びます。なんとすがすがしい展開だったことか。

息子がたったの10歳でおおかみになることを選び山に去っていく時、母親は泣き叫びます。

「まだ、何もしてあげていないのに……！」

たぶん、母親というものは、子ども自身が「巣立つ準備ができた」と思っていても、または子ども自身が「親からはたくさんのものを十分にもらった」と思っていても、いつまでたっても「何もしてあげてない」と思ってしまう生き物なのでしょうね。だからいつまでたっても子どもへの心配が減らないのでしょう。

ですから「まだ何もしてあげられていない……」親はいつもこう思ってしまうのでしょう。だんだん気づいておられると思いますが、それは間違っていますよね。だって、こうしている今だって、お母さんは自分にできる限りのことをしてあげているじゃないですか。理想通りではなくても、もうできる限りのことはしています。今、自分にできる限りのことをしていたら、これ以上、何もできることはありませんよ。

そして、できるところまでしかできません。息絶えるまでやって、息絶えたら、もうできることはありません。どうしたって、そこで終わりなのですから、それ以上でも以下でもありません。

自分が死ぬその日が来るまで、「おおかみこども」の母親のように、ただ、肥沃な土壌を作り続けるだけです。自分が息絶えた後にはもう、何が起こっても子どもに手出しできませんから、そして何が起こるかわからないのですから。

それは「誰にもわからないこと」なのです。

「誰にもわからないこと」は役を降りる。あなたの担当ではありません。こう考えてみるのは、いかがでしょうか。

〈他者に助けを求めるのが幸せへの道〉

「親はいつ死ぬかわからない。いつ死んでしまうかわからない親をあてにしなくても生きていける強い子になってほしい」

これが本当に目標にすべきことなのではないでしょうか。つまり、親以外の人をあてにできる子になってくれれば、その子の人生は親亡き後も豊かで味わい深くなるでしょう。親がいなくなっても、いつまでも社会と接点を持ち、自分の世界と外の世界を行き来できる子になるでしょう。

では、どうすれば他者をあてにできる子になるのでしょう。どうすればいざという時に他者に助けを求められるようになるでしょうか。

それは、偏見のない子育てをすることです。偏見のない子に育てることです。

「自分にはすごく苦手なものがある」

「自分には人と違うところがある」

子どもには、こういう自分のことを認められる子に育ってほしいのです。人と違う自分を否定も肯定もせずにありのまま認められる子に育ってほしい。自己理解ができる人になってほしい。

否定も肯定もせずにありのままの自分を認める子に育てること。

難しいことに感じますか？　そうですよね、これは子どもが向き合う問題というより親自身が自分と向き合う作業になります。正直言って、大人になってしまった私たちが否定も肯定もせずにありのままの現実を認めることは至難の業ですよね。

大人にはガチガチの偏見や思い込みがすでに体にしみこんでいますから。

ですから、現実を否定し認めたがらない自分を隠して子育てをする必要があるのです。さて、どうやって隠しましょうか……。

あまり難しいことは考えずに、具体的な話から説明していきましょう。

〈偏見のない子に育てる〉

例えば、「我が子は発達障害があると思うけれど、そのうちに『普通』になるかもしれないし、発達には個人差があるから……」と子どもの特性を認めたがらずに日々過ごしてしまうと、当の子どもも自分の特性に気づくことなく過ごしてしまいます。そして、学習面や集団の中での問題行動がいよいよ現実に起こってしまってから初めて、何らかの個別の支援を求めることになります。そしていざというその時に、子どもに自己理解がないために子ども自身が支援を拒んでしまう、ということが多々起こります。

みんなと違うことをさせられるのは嫌だ。いかにもお膳立てされている感じが嫌だと言う。自分が「普通じゃない子」と同じ扱いを受けるのは嫌だ。自分を障害者扱いするのか！　となるケースが多いのです。

それならば、支援はあきらめて様子を見ようということになりますが、支援を嫌がる本人の思うようにさせると、あまりにも無茶なこと（本人の能力では到底できないようなこと）をしようとして子ども自身が傷つくことになってしまいます。

例えば学校では逸脱行動が改善せず、逆にクラスメートとの溝は深まるばかり……。ということが起こったりします。そうなると、誰よりも本人が苦しくなり、学校が楽しいどころか苦痛な場所になってしまいます。

ですから、自分の苦手なものに気づき、必要な時に助けを求められるスキルを身につけておく必要があるのです。

私は支援が必要な時に「支援を受ける心の準備ができていること」こそが子どもにとって一番大切なスキルだと思います。ですから、すでに支援を望まない、あるいは拒否するようになってしまった子どもの親御さんは今からでも常にそのスキルを身につける機会を逃さないように生活することをお勧めします。

そのためには、いつでも親と子どもが同じ目線でいることです。

どういうことかご説明します。まず、親が子どもの特性（あるいは診断名）を内緒にしている家庭の場合。これだと親子で目線がまるでズレてしまいます。

「子ども自身が気付かないまま、普通の大人になってくれるといい……」

子どもの特性を本人にも他者にも隠そうとするのは、こういう願いが親にはあるからなのですが、それでは子どもは到底、支援など望むようになりません。だって自分は「なんでもないよ、大きくなれば問題ないよ」と言われて育つのですから、自分が特別扱いされることなど受け入れられるはずがありません。

また、特性や障害を親が隠そうとすれば、子どもは自分の特性を「隠さなければいけない恥ずかしいことだ」と思ってしまいます。そして人と違っている人（障害者）を見るとその人たちを差別するようになってしまいます。そしてますます「自分はあの人たちとは違う!!」とかたくなに言い張り、ひきこもりがちになってしまう……。そうならないために、「自分には得意不得意があるけれど、他の人にも同じように得手不得手がある。社会にはいろいろな人がいる」という感覚を身につけてほしいものです。

〈「失敗体験」を「特性理解」につなげる〉

「支援を受ける」というのは人生のフリーパスのチケットです。このチケットを持っているのと持っていないのとでは、「困った時」に大きく人生が分かれてしまいます。

では、どうしたらそのチケットを手に入れられるか。つまり、どうしたら親子で同じ目線を持って、親子で適切な支援を求められるようになるのでしょうか。

例えば、子どもがやってみたいと言うことをやらせてみる。そんなこと無理だと親がわかっていても、どんなにくだらないと思えてもやらせてあげる。立派なことかくだらないことかはどちらでもいい、その結果を自分で引き受ければそれでいいのです。

そして、うまくいかなかった時が肝心です。

「やっぱりダメじゃん」「無理だったんだよ」と言ってはダメです。

「悔しかったね。何が足りなかったんだろう?」

「似たようなことで代わりにできることはないかな?」

と、子どもと一緒に考えてください。失敗を「失敗体験」にしてしまわずに、「特性の理解」につなげる努力をしてください。「成功体験」のステップに変える努力をしてください。

それから「できていないこと」を取り上げたら、「できていたこと」も必ずすくい上げてあげてくださいね。そもそも自信がない子どもたちですから、できていたことがあっても、そっちの方はすぐに忘れるか気づかずに終わってしまいますので。

子どもと一緒に「足りないこと・できないこと」を見つけ、対処方法を考えること、そして同時にできていることもすくい上げること。それが親子で「目線を同じにする」ということです。決して簡単なことではないこともわかっています。子ども本人がそれを自覚するよりむしろ、親御さんがこれを自覚する方が難しいことです。

でも、頑張って！　何年か、かかりますよ。じっくり時間をかけるのが秘訣です。

〈4つのマインドのまとめ〉

ここまで、発達凸凹がある子どもの親御さんの心がまえとして4つのマインドをお話ししてきました。最後にもう一度、この4つのマインドをまとめておきます。4つのマインドを思い出して、どこかもう一度確認したい場所があれば、ページを戻って読み返してみてください。

①障害の特性がある／ないにとらわれず、その「程度」が問題であるということを知ること。

発達障害があっても、立派に社会に出ている人はたくさんいます。ADHDだってアスペルガーだって、仕事で収入を得て結婚している人はたくさんいます。つまり、人の生活や人生の豊かさは発達障害のあるなしで分けられる問題ではありません。特性のあるなしではなく、その特性の「程度」によって支援の手立てが違うし、適切な手立てがあって初めて自立に向けた生活が営めるようになるのです。

特性の「程度」を見極める際に気をつけることとしては、まず、親が今関心を向けている心配事が「純粋に子どもの特性について」なのか、それとも「自分がどうしても気に入らない自分のこだわり」なのかを見極めることです。そして、自分のこだわりは切り捨てて、純粋に子どもの特性の改善だけに集中してください。

特性の程度については、

1. 子どもが学校生活に無理なく参加できて、
2. 授業についていけて、
3. 人に迷惑をかけない（傷つけない）程度

であるかどうかを確認してください。

この3つが備わっていれば程度は「軽い」と言えるでしょう。この3つのどれかに悩まされているとしたら、程度は「重い」と考えた方がうまくいきます。程度が軽いか重いかで歩むコースが変わっていくのです。手立ても変わります。

②特性にとらわれずに「二次障害」を予防することに集中すること。

特性はそのひとつひとつをばらばらにして取り上げれば、改善方法は意外とあるものです。特性は改善できる場合がありますが、二次障害は一度起こってしまうとなかなか改善できない手ごわいものです。ですから、特性をどうにかしようと思うよりも、二次障害を予防することの方に気を配ってください。二次障害を予防することは、子どもの個性を伸ばし可能性を広げることにもなります。「療育」というシステムがありますが、これは特性を治す場所ではなく、社会生活のスキルを学ぶ場所であり、二次障害を予防する場所でもありますので、これは大いに利用するとよいでしょう。二次障害の予防の方法ですが、これは「子どもを理解すること」につきると言っても過言ではありません。

③子どもの将来（進路選択を含む）の見通しを立てること。

親亡き後に我が子はどうなるのか。これを考えると親は心配で夜も眠れなくなります。先が見えないと人は不安になります。ですから、今、笑顔で安定した子育てをするためにも、子どもの将来の見通しを立てることが大切です。発達に凸凹がある子どもはどのような進路選択があるのかを知っておくとよいでしょう。「普通に中学に行った後は普通高校に入って……」としか考えられないと親子ともども焦ってばかりの苦しい毎日になってしまいます。子どもに発達障害がある場合、「親亡き後に誰からの支援もなく生活していくことはできない」ということを受け入れてスタートしましょう。そう考える方が選択肢は広がります。結果的に普通高校に進んだとしても、選択肢をいろいろ考えておくことは親にとってとてもいい経験になり、これから先の財産になるでしょう。

④子どもがいつでも他者に助けを借りられる子になるように育てること。

「親亡き後は自立できるようになってほしい」と親の誰もが望みますが、発達障害のある子のほとんどはそれがかないません。しかし、自立、自立、と人は言うけれど、自立だけが幸せなのでしょうか？　高所得でも精神疾患にかかる人。同じ病気を持つ者同士が支援を受けながら結婚する人。一生親のすねをかじる人。世の中いろいろだし、どれを幸せと呼ぶかは人それぞれです。

ですから「自立」を目指すのではなく、「上手に他者の力を借りるスキルを身につける」ということを幸せの第一歩にしてください。他者に「助けて」と言えること。他者の力を頼りにすること。このスキルを身につけることこそが大切です。そのためには、子どもの特性を子ども自身が認められるような子育てをすることです。偏見のない子に育てることです。特性や障害を親が隠そうとすれば、子どもは自分の特性を「隠さなければいけないことだ」と思ってしまいます。そして人と違っている人を嫌悪し差別するようになってしまいます。そうならないために、社会で人と自分とが支え合える存在になるための子育てが大切です。

私のブログから

「あまり耳にしないけれどホントの話」⑦

手帳はタンスにしまっておけばいい

親たちよりも、当事者本人たちの方がよっぽどリアルでいさぎよい。いつもこう思います。

成人の当事者のAさんは、自分の能力に凸凹があると知りながら、障害枠でなく普通枠でハローワークに行きました。ところが話をするうちに、結局心理職の担当者に紹介されて、自立支援や精神デイケアのプログラムを選択肢のひとつとして勧められました。考えたのちにAさんは「手帳は取っておけば何かの時に役に立つ（精神デイケアの利用や保護者が定年になってからの経済的援助に役立つ）。いらない時はタンスにでもしまっておけばいい」と決めて、医師から診断書をもらうことにしました。その決断までの日数はたったの2週間でした。

Bさんは、どうしても社会参加する気になれず、「自分の何がいけなくてこんなに不安が強いのか」それを知るために検査を受けました。結果、凸凹の振れ幅が大きく、発達障害であることが判明しました。

検査結果の説明を聞いた後Bさんは、「何か原因のわからないもので苦しむより、原因がわかることで苦しむ方がいい」と言って表情を明るくして帰っていきました。カウンセリングを受けてから1年がたっていました。

当事者たちは、自分自身で悩み苦しんだ分、余計なことは考えずにいさぎよく自分の特性を受け入れる人が多いようです。親御さんたちの方が余計な価値観（＝体裁とか自分の今まで培ってきた価値観）でものごとを見る分だけ、目の前のことを受け入れにくいようです。

もちろん当事者の中にも、それを受け入れられないという人もいます。でも、時間をかけてカウンセリングすれば、必ず自分の特性と向き合うことができるようになると思います。

一生懸命に生きて、一生懸命に自分と向き合った人は、とてもいさぎよいです。そして一生懸命に生きることができる人は、必ず家族や周囲の良好なサポートがある人です。家族の愛を感じ受け取っている人たちは、自分の特性と向き合えるように育っているのです。

第6章　家族にお願いしたいこと

この章では、今までとりあげてこなかった、家族についてお話しします。発達凸凹な子がいる家族として心がけることをまとめてみます。まずはお父さんにお願いしたいことから。

〈こんなお父さんになっていませんか?〉

「家族サービス」という言葉はあまり聞かれなくなりました。今や、子育てはお父さんによる「サービス」ではないのです。今は「イクメン」の時代です。お父さんが子育てに参加するのは当たり前。保健所の子どもの健診も、お父さん同伴が増えたように思います。明らかに増えたのは、お母さんなしでお父さんだけが子どもを乳幼児健診に連れてくる姿です。立派です。だって、お母さんの代わりに子どもの話を伝えたり、出かけ先でおむつを替えたりするのですもの。それもお父さんひとりで、ですよ。

その一方で、昔かたぎのお父さんもいます。休みの日は自分の体を休めることが最優先。ほとんど一日寝ていたり、一日中パソコンに向かっていたり……。というお父さんもいますよね。あるいは「あら、お父さん、子どもと遊んでくれているわ……」と思いきや、自分がやっているゲームをやらせていたり、動画を見せっぱなしにしていたりして。手抜きの子守りにお母さんは逆にイライラしたりして。お母さんが頑張って味付けの薄い献立を作っているのに、そばでお父さんが塩辛いつまみで晩酌して、子どもがそれをつまみ食い。それも就寝時にやってくれるもんだから、子どもの歯磨きや寝かしつけが大変……。

まあまあ、そのあたりのことは、夫婦でなんとか乗り切ってもらいたいのですが、そういうこと以外に発達凸凹な子どもがいる場合、どうしても壁となってしまうお父さんの態度があります。

それは、「その年齢の子どもなんてそんなものだ」とか、

「発達障害なんて昔はなかったのだから大丈夫、そのうちなんとかなるだろう」

と言うことです。あとは漠然と

「相談（診断）なんて必要ない！」

と言い切ること。心理相談でお母さんに療育や次回の相談の予約を勧める時、お父さんに反対されているから行かないと拒否される人が割と多いことに驚きます。行く必要ないと言っているお父さん、いませんか？

〈お父さんの方が遊び上手だからなおさら無理解になる〉

お父さんが子どもの療育や診断を拒否する理由はちゃんとあるのです。

それは、お父さんの方がお母さんよりも子ども目線に立って上手に遊べるからというのが理由のひとつでしょう。自分もまるで子どもに戻ったような気持ちで遊びやスポーツを楽しめるのはお父さんのいいところです。お母さんは家庭では家事や育児（遊ぶだけではない仕事）がありますから、遊びに没頭しにくいですものね。

そして、お父さんは子どもとはいつでも1対1のつきあいをしています。自分が子どもと同じレベル（精神年齢）に下げて遊べば、子どもの発達の遅れにはなかなか気づけないものです。だって、自分も精神年齢が3歳くらいの子どもと同じ3歳になって遊べば、ほかの子が実はもっと大人だったとしても気づくことはできませんよね。それに比べるとお母さんはよその子どもと我が子を比べる機会がたくさんありますので、お母さんばかりが子どもの発達の遅れが気になるという夫婦間のズレが起こるのです。お母さんはいつでも子どもと1対1ではいられないので、これは無理もない話です。これがお父さんの子育ての盲点なのです。家の外でも、すべての人がお父さんのように子どものレベルに合わせてくれれば、子どものストレスも少なくて済むんですけれどね。そうはいかないからお母さんはなおさらやきもきするし、夫婦間のズレによる衝突も生まれるわけです。

でも、やはり、子どもは家庭の中でお父さんと楽しく遊んでばかりもいられません。お父さんの子どもをかわいがったりちょっかいを出す楽しみはよくわかりますが、子どもには社会性を学び、家族以外の他者と関係を結んで生きていくすべを身につけてもらわないとなりません。子どもはいつまでも子どもだし、いつまでもかわいいと思ってしまうのですが、残念ながら子どもの社会性の学びはもう始まっているのです。

〈お母さん（妻）を信じてあげて〉

日本のほとんどのお父さんは、朝と晩と自分がお休みの日の子どもしか知りません。朝と晩とお休みの日は、お父さんも子どもも自分の「主観」で生きていられる時間です。自分が過ごしやすいように生きる。自分本位で生きられる時間です。ところが一方で、平日（昼間）はというと、お父さんが「主観」（自分の感覚）より「客観」（人の評価）の方を重視されるのと同じように、子どもも人と比べられる「客観」を突きつけられているのです。子どもの昼間もお父さんと同じで「客観」が重視されるのです。昼間お母さんは、お医者さんから、心理士から、幼稚園や学校の先生から、客観的な意見を聞かされています。そのうえでお母さんは迷い悩んでいるのです。「主観」と「客観」の間をいったりきたり、毎日揺れ動いているのです。それはそれは苦しいと思います。お母さんだってお父さんの「主観」を信じて生きていけたらどんなに楽でしょう。

それから、お母さんは孤独です。特に発達凸凹な子育てをしているお母さんは毎日孤独な戦いをしています。なぜなら、子どものことで他の人と共有したり共感できることがきわめて少ないからです。ママ友と「うんうん、わかる」「うちも同じよ」と言い合えることがほとんどありませんからね。他のママ友がしなくてもいいような心配をしなければならないし、みんなと同じでないオンリーワンの工夫をしなければなりません。オンリーワンの苦労があるのです。そして、たぶん、何よりつらくて孤独なのが、その自分のオンリーワンのやり方が正しいのか間違っているのかを誰にも確認できないことです。

「正しいのかな」「間違っているのかな」「これでいいのかな」と確認し合ったり、不安を分け合えるのは、お母さんにとってはお父さんしかいないのです。難しいことなどしなくていい。お父さんには、お母さんのオンリーワンの悩みを聞いてあげてほしいのです。ふたりで疑問や確認のシェアをしてほしいのです。「いいのかな」「いいんじゃない」「そこは違うかもなあ」という疑問のシェアです。お母さんは心配のしすぎなのではなく、人と比べて人と違うことに苦しんでいるのです。ですからお父さん、お母さんを信じてあげてくださいね。

そのためにも、一度でもいいので、まだ行ったことのないお父さんは診察や相談に付き添ってみてください。お子さんの「客観」を第三者から聞いてみてくださいね。きっと参考になると思います。子どものことがもっともっと理解できるようになります。そうすると、子育てにもやりがいが出てきて、喜びも増えていくでしょう。

〈シングルマザーが多いのも事実〉

20年30年前は少なかった離婚も、今はもっと増えていて、誰でも知り合いに離婚した人が必ずいるくらい離婚率は増えています。ですから、発達凸凹の子どものお母さんでシングルマザーの人も多い。もしかしたら発達凸凹の子どもがいる家庭の方が離婚率は高いかもしれません。お父さん（あるいはお母さん）にも子どもと似たような特性がある場合も多いので、家族間で良好な関係を築くことは並大抵のことではないということもあるでしょう。

ですから、今やっていることが正しいのかどうかを確認（シェア）をする相手（伴侶）がいない場合もあります。もし、子どもに発達の凸凹があるとわかっている場合は、ぜひ、離婚していてもお父さんお母さんが協力して子育てをすることをお勧めします。夫であること妻であることはやめてもいいけれど、お父さんとお母さんはやめないでほしいのです。

離婚（または別居）している夫婦は、たいていはお互いのやり方が間違っていると思ったり許せない部分がどうしてもあるというのが事実でしょう。だから一緒に暮らせないわけですから無理もありません。でも、たとえダメおやじ（またはダメかあさん）であったとしても、子どもにとってもダメかというとそうでもありません。正しくなくてもいいので、子どもには一人でも多くの人の手にかけられて育ってほしいのです。

「このおやじ、ダメだな」「このかあさんはひどすぎる」

子ども自身がこう感じる経験だって必要です。学校の先生も同じで、毎年毎年よい先生にばかりあたるのがラッキーなのではありません。悪い人との出会いも社会性の育ちに大きく役立つのです。悪い先生にあたったら学校に文句を言ってその人を排除する……。という繰り返しでは、親子ともども社会性が育ちません。そういう「難しい人」がいる場合は自分たちはどのような態度でのぞめばいいのか。こう考える方が自分たちが大きく成長できるのです。

元夫、元妻に対しても同じです。人として嫌いな相手でも、子どもにとっては「別の人」なのです。子どもに自分の好き嫌いを押しつけてはいけません。正しい考えの持ち主が正しい子育てができるとは限らないのです。あくまでも子どもとその人（親）との関係性の問題なのです。

「子どもが父親を怖がるので父親の言うことは聞く」

「母親は態度が一貫していなくてただ気分で甘やかす」

どちらも正しくはないけれど、いいじゃないですか、都合のよい時だけ利用し合えば。

お父さんもお母さんも、発達凸凹の子育ては一人では抱えきれません。

それでもどうしても元夫または元妻の力を借りられないとしたら……。

市町村の役所（保健所）にいる保健師さんや、精神科の病院や、教育相談などの相談機関に相談してください。親が一人で抱え込むのは危険です。そして第三者の意見を聞くことで気持ちが楽になるはずです。くれぐれも、ひとりで戦おうとしないようにしてください。

〈きょうだいへの配慮について〉

さて、このきょうだいの問題が実は母親にとってはかなりシビアな問題なのではないでしょうか。「発達障害がある」または「発達障害かも？」と言われた子どもは、人からそう言われる分だけ、表面に特性が現れています。ですから、親御さんはそちらの子どもに意識が偏りがちになります。たくさん目にかけてもらう子の方は、その特性が激しくてやっかいだとしても、予後（後々の経過）がよいことが多いのですが、その激しいキャラクターに隠れてしまうきょうだいたちの方も、実はとても危ういのです。

カウンセリングには、1対1で行う個人カウンセリングのほかにもいろいろな心理療法がありますが、その中に「家族療法」というものがあります。これはカウンセラーとクライエントが1対1で行うのではなく、カウンセラーが家族全員または家族の一部の人たちとカウンセリングをするグループ心理療法です。この家族療法の考え方にきょうだいに対する配慮のヒントが隠されているのでご説明しましょう。

―家族療法とは―

個人の症状そのものに焦点をあててその症状の緩和や改善を目指すのではなく、家族全体の問題として捉える心理療法です。家族はひとつの集合体（システム）であり、お互いに影響を与え合う中で問題の原因と結果を悪循環させていることがあります。この円環的な悪循環が原因となって、家族の中で最も感受性の強い人が問題行動を起こすと考えます。その問題行動を起こしている家族成員のことを家族を代表して「問題を表現している人」という意味を込めて「ＩＰ（Identified Patient=患者）」と呼びます。そして、このＩＰの問題を解決するためには、悪循環を起こしている家族システムそのものを見直しましょうというのが家族療法です。

ここで説明を加えないといけないのは、この本を読んでいらっしゃるご家族には発達凸凹の子どもがいるという前提があるので少し事情が違うということです。みなさんの場合は、家族システムに悪循環があるから子どもに問題行動が起こったとは限りません。あくまで子どもの発達特性が原因となって問題行動が起こっていると考えるべきなのですが、中には発達特性が直接の原因ではなく二次障害としての行動が問題行動になっている場合もあるので、その場合は家族のシステムを見直すと解決方法が見えてくるのです。発達特性の出現が先か、システムの悪循環による二次障害の出現が先か、つまりたまごが先かひよこが先かという問題になりますが、いずれにせよ家庭の中には問題が起こっているという事実に変わりはありません。

事態は非常に複雑で難しいものなのです。

この家族療法的なアプローチは発達凸凹がある子の家庭にとって、参考になることが多いのです。たまごが先だろうがひよこが先だろうが、家族の中に問題行動を起こすＩＰがいるということには、その子以外の家族成員に大きな影響を及ぼしているということに変わりありません。そして、多くの事例研究から、ＩＰよりもむしろその家族成員の方に深い病やひずみが生まれてしまうケースが多いことがわかっています。発達の特性が強いＩＰにだけ気をとらわれずに、家族全体をシステムと捉えて、システムが最大限に機能するように考える視点が大切です。

〈きょうだいの方がダメージを受けている〉

例えば、こんなケースがあります。

1．発達特性が強い方の子が、下のきょうだいに対して暴力を振るったり、いじわるをするケース。その子どもには「弱い者をいじめてはいけない」とか「相手に痛い思いをさせてはいけない」といった倫理的なことが理解しにくい特性があり、また、「いけない」とされることはたとえ小さなきょうだいであっても許してはいけないという信念が強すぎて攻撃的になることがあります。そのような子どもに親がいくら説明してもその場ではわかってもらえません。そうすると、下のきょうだいへの暴力はなくならず、下の子はお兄ちゃん（お姉ちゃん）が恐怖の対象になってしまいます。下の子にトラウマのようなものが残り、心の傷になってしまう場合があります。

2. 下の子に特性が強く出ている場合で、その子が特別な支援を受けたり親がハードルを下げてどんなささいなことでも下の子をほめていたりすると、上の子は納得がいかず、情緒が不安定になることもあります。

3. 特性が強い方の子どもに手がかかり、凸凹がない方の子が「自分はそれほど手がかからないから」と自分で納得してひたすら我慢する子もいます。親はとにかく問題行動を起こす方の子どもに手がかかりきりですから、無理もありません。凸凹がない方の子どもは「自分は自分の力でどうにかなる」のですから、「仕方ない」と自分に言い聞かせて生活しています。でも、それには限界があり、そのままでは済まないことが起こり得るのです。

4. 逆に凸凹ではない方のきょうだいの方に精神的な疾病があり、その症状が強烈なためにもう片方の凸凹があるきょうだいの方がPTSDのようになってしまうこともあります。そして、そのきょうだいから受けた恐怖体験が頭にすりこまれてしまい、社交不安症（※6）になってしまうといったケースもあります。発達特性がある子は、衝撃的な出来事があるとそれが深く心に残ってしまい、繰り返しその恐怖場面がフラッシュバックして社会に出るのが怖くなってしまうのです。

5．実はきょうだい両方に発達の凸凹があるけれど、症状の激しい子の方ばかりがフォーカスされて、凸凹が少ない方の子の発達の偏りに気づいてあげら

※6 社交不安症（社交不安障害）

不安障害群の中に位置づけられる症状で、不安障害にはほかに「選択性緘黙（場面緘黙）」「限局性恐怖症（高所恐怖や注射や血に対する恐怖）」「広場恐怖症（乗り物や広い場所に対する恐怖）」「パニック障害」があります。（DSM-5より）

社交不安症は、他者から見られる可能性のある場面で、自分のふるまいが否定的な評価を受けるのを恐れることで、その恐れが現実とかけ離れていることを言います。子どもの場合、怒られるのではないだろうか、恥をかかされるのではないだろうか、という恐怖心が原因となる場合もあり、かんしゃくや凍りつく、社交的状況で話せなくなる、という症状が出ることがあります。そして、その恐怖心の強さや回避行動は、現実の危険度にはつり合いが取れぬほど強いものです。

れないこともあります。この場合、症状が激しいきょうだいの姿が日々強烈に記憶に焼きつけられて、この場合もまた、激しくない方の子がフラッシュバックのような症状に悩まされ、4と同じような社交不安症になってしまうこともあります。

誰でもそうなのですが、人は激しいものの方に気を取られます。「静」より「動」の方に目が向きます。動きが大きく激しい方が問題として目に映るのです。その方がわかりやすいのです。当たり前のことです。でも、動きの激しさに気を取られてはいけません。

1と2に関しては、これは問題行動がきょうだいともに表面化するので解決の糸口は見つけやすいと言えます。いずれにしても、家族だけでは限界がありますので、祖父母や親せき、あるいは専門機関に手を貸してもらうのがよいでしょう。祖父母や親せきに協力してもらって、きょうだいを一定の期間別々に暮らすように配慮すると少し家族の関係がよくなることがあります。大切なのは、きょうだいがそれぞれ個別にお母さん（あるいはお父さん）と過ごす時間を設けるということです。そのための一時的な別居が必要な場合もあるということです。お母さんの気を引くための問題行動だってありえますから、親御さんがきょうだいをひとりずつ見つめるという時間が必要なのです。

問題なのは3と4・5です。これらは一見気がつかない事象であるために、ことが大きくなってからわかることが多いため問題なのです。

3のような、ただひたすら我慢する子の場合、これはまず親はなかなか気づくことができません。ただでさえ家の中ではバタバタしているので、きょうだいがひとりよい子でいてくれたら、これ幸い、この子は救い、みたいに思ってしまうのではないでしょうか。だいたいにおいて、このタイプの子どもはよい子ゆえに「親の愚痴聞き係」をさせられてしまいます。子どもは「自分だって我慢するので精いっぱいなのに、お母さんの愚痴まで聞いていられない！」と本音で思っていても、自分しか聞いてあげる人がいないと思って、延々とお母さんの愚痴聞き係をさせられてしまいます。これこそが子どもの心を破壊することなのです。自分の苦しみを誰もわかってくれないのにお母さんの苦しみはわかってあげなくてはならないこと、それは心が音をたてて引き裂かれるような苦痛を伴うのです。愚痴を聞いてくれる子どもがいるお母さん、今一度、お子さんが無理をしていないかを見つめ直してみてください。

4は、たとえば発達障害があると言われて相談・受診経験がある方の子ばかりがIPだと思い込んでいて、他のきょうだいの方に深刻な問題があっても「こっちには病気はないはず」あるいは「こっちの子は大丈夫だろう」と親が思い込んでいる場合です。発達障害の特性が不登校をもたらすことが多いので、親はとかく「この子は学校に行けないけれどこっちの子は学校に行けてるから」という判断で事の重さを計りがちです。この計り方には誤りがあるのです。学校に行けているから問題なし、行けていないから問題あり、というふうには判断できません。親が子どもひとりひとりに「あなたはきょうだいのこと、どう思ってる?」と聞いて、子どもがきょうだいをどう捉えているのか確認しておくといいと思います。思いもよらない答えが返ってきたりします。

5も4と同様に、子どもたちひとりひとりがきょうだいをどう捉えているのかをアンテナを張って理解してあげてください。そして、療育や専門機関に関わっていない方の子どもに特に注意を注いであげてください。だって、専門家とつながっている方の子は複数の人の目にとまっているのですから、支援の糸口があるはずです。つながっていない子の方が心配です。

〈きょうだいへの配慮・まとめ〉

「発達障害がある」または「発達障害かも？」と言われた子どもは、人からそう言われる分だけ、表面に特性が現れています。ですから、親御さんはそちらの子どもに意識が偏りがちになります。たくさん目にかけてもらう子の方は、その特性が激しくてやっかいだとしても、予後（後々の経過）がよいことが多いのですが、その激しいキャラクターに隠れてしまうきょうだいたちの方も、実はとても危うい、ということがおわかりいただけたでしょうか。

きょうだいの症状によって家族が機能しなくなるパターンがいくつかあるということも、5つのパターンに分けて取り上げてきました。

「人を痛い目にあわせてはいけない」「弱い人をいじめてはいけない」ということの意味が理解できずにきょうだいに乱暴をしてしまうことによるきょうだいの心の傷。あるいは「いけない」ことはいかなる場合にも許してはならないという偏った信念を曲げられなくても同じことが起こります。

親の手のかけ方がきょうだいで違うので、片方が差別されている、または不公平に感じてしまい、情緒が不安定になる。

手がかかる発達凸凹のきょうだいを見て「自分は手がかからない。自分でなんとかできる」と考え、ひたすら我慢をしてよい子を演じるきょうだい。

「学校に行けているんだから」といって不登校気味の方の発達凸凹の子の陰に隠れ、実は深刻な病気があることを見逃され、きょうだいともに苦しみ、負の影響を与え合ってしまう。

きょうだいにみな発達凸凹があるのに、症状が激しい子ばかりがフォーカスされて、激しくない子の支援が遅れてしまう。そして凸凹があるだけに傷が深く、怖かった記憶だけが限定的に記憶されてしまいフラッシュバックに苦しむようになってしまう。

このように発達の凸凹がある子どもを取り巻く家族には、当事者だけでなくきょうだいにも問題が及ぶことがあるのです。

きょうだいの間で恐怖を与えたり与えられたりすることで関係がこじれてしまっ

たら、まず、親がきょうだいひとりひとりの状況を把握するために個別に話し合えるような時間を確保すること。話し合えないなら（子どもが小さい場合）２人で一緒に遊ぶ時間を作ってみてください。ほんの20～30分でもいいんです。家族に内緒で２人だけで外食してもいいですね。その時間を確保するために祖父母や親せきに協力してもらい、一時的にきょうだいが別々に暮らすことも効果があります。夫婦の別居と同じですね。

症状が激しい子どもの陰に隠れてしまうきょうだいがいる場合、その子は我慢強くよい子を演じている場合が多い。ですから親はその子の心の闇に気がつかず、その子を心のよりどころにしたり愚痴を聞いてもらう戦友のように思ってしまいがちです。でも、その愚痴聞きこそがその子の心を破壊しかねません。今一度、子どもの様子を観察してあげてください。

どんなケースであっても、きょうだいがそれぞれのきょうだいのことをどう思っているのか、どんな存在だと捉えているのかを親が知っておくことが大切です。そして、専門家とつながっていない方のきょうだいに、より注意を向けてあげてください。なぜなら、専門家とつながっている子は、複数の目に見守られており、支援の糸口が見つかりやすいからです。

カウンセリングに来ている青年たちの中で、話を聞いているうちにカウンセリングに来ていないきょうだいの方が問題（症状）が深刻であるということがわかるケースが多々あります。ぜひ、家族をシステムと捉えて見直してみてください。

私のブログから

「あまり耳にしないけれどホントの話」⑧

親の会にハマれる人は少ない

同じ病気や障害を抱えた人たちが集まって情報交換をしたり、気持ちを共有する会を「自助会」と言います。当事者が子どもである場合、その親が集まるのが「親の会」です。病気や障害について知識を深め、「自分だけではない」ということに気づき、気持ちを分かち合えることは大変意義があることです。ただ、そういう会と相性が合う人と合わない人がいることも事実です。実は、親の会でうまくいかなくて自信喪失する親御さんは多いのです。

親の会は誰にとっても居心地のいい場所とは限りません。親の会が気に入って、そこに通い、意見が言えて仲間ができる人は実は少数派です。こういう人たちは運がいい人たちです。

「なんだか気おくれしちゃう」「意見を言っている親御さんたちが立派すぎて入っていけない」「そこにいる子どもたちも立派に見えてくる」「うちがここに

いるのは場違いな感じ」と思って親の会をやめる人はとても多いという印象があります。

ですから、親の会を続けられる人はラッキーなんです。続けられない人はたくさんいます。続けられないことで落ち込まないでくださいね。

もうひとつ、親の会における注意点を申し上げておきます。それは、親が「親の会」にハマっていきいきと活動しても、子どもが活動を嫌がって会を抜けたがるというケースもあるということです。

あるいは、親が活動に熱中するあまり、だんだん行政や教育に対して不満を抱き、制度や環境をよくするために、気持ちが子どもに向かうのではなく行政や制度の改善に向かってしまうことです。

こうなると、子どもそっちのけの親だけの活動になってしまいます。このように親が熱くなってしまうと、子どもはマイナスの反応を示すことが多いです。例えば、親が一生懸命に行政や学校の不備を訴えたりする姿は、子どもの目には攻撃的な行為に映ります。そのうちに子どもも学校に対して攻撃的になったり、学校の先生が悪いんだと思い込んだりすることもあるのです。そうなってしまうと、第5章に書いてある「他者に助けを借りる」ということができない子どもになってしまいますので注意が必要です。
「親の会」そのものは有意義なものです。しかし、利用方法を間違うとデメリットになりかねないので上手に活用してくださいね。

私のブログから

「あまり耳にしないけれどホントの話」⑨

自分の仕事と子どもの療育、どっちをとるか

健診後の発達の個別相談をしていると、
「仕事があるから療育はできない」

というお母さんと出会います。すごく難しい問題です。仕事というのは、人間に欠かせないものですから。夫の収入だけで家計が成り立たない家庭は結構多いのではないでしょうか。

だとしたら、妻も頑張るしかない。子どもは保育園に預けるしかない。子どもが病気して仕事を休むのだって大変なのに、療育のために定期的に仕事を休むなんてとてもじゃないけど考えられない。こう考える人は多いと思います。

しかし、その一方で、発達に偏りがある子どもは大人がちょっと特別なはたらきかけをするとすごく伸びるという事実もあります。

親が気づかないことを、専門家がちょっとアドバイスをする。それだけでも子どもは変わります。グループで一緒に課題に取り組んだり一緒に遊んだりするとさらに子どもは変化します。

変化が見られない場合でも、変化の代わりに今後の課題が見えてきます。だから、療育にはお得がいっぱいなのです。

生活に困っていないお母さんでも仕事をしている人は多いです。学校を卒業してからずっと働くことが当たり前になっている人もいるだろうし、職業を持つことに高い価値を置く教育（しつけ）を受けて育った人もいます。

みんな、仕事することが大前提なので、療育のために仕事を辞めるとか、仕事を変えるとか、そこまでの思いにはなかなか至らないものです。人の数だけ家庭の事情というものがあるので、私は「仕事を辞めて療育をすべき」とは絶対に言いません。でも、この家庭にはどんな力があるか、療育的なはたらきかけがどれだけできるのか、できないのか、療育機関以外で資源となるコミュニティーはこの家庭にはあるのか、ないのか、いつもそこは探っています。

療育に代わる何かを見つけてあげないと子どもが伸び悩んでしまいますから。伸び悩むならまだよくて、力を出せずに可能性が「閉じて」しまう恐れもありますから。

仕事を選んでいるお母さんたち、頑張れ！　でも、でも、それで療育をやめるのではなく、自分で「代わり」を見つけてあげてください。自分が療育の先生になってあげてください。お母さんの体力さえ持続させられれば、かなりの工夫が可能です。手の届く専門家から教えてもらってください。

それから、もし、仕事か療育か迷っている人がいたら……。

これは、個人的な、あくまで個人的な意見ですが、迷っているなら仕事は辞めてもいいのかなと思います。だって、自分の人生より子どもの人生の方が長いから、子どもにかけた時間の社会的貢献度は高い。それから、復職するための苦労と子どもの発達で悩む苦労とを比べたら、子どもの発達で悩む苦労の方が大きいですもの。

子どもの発達で試行錯誤できる人だったら、もう一度仕事を探すことはできると思いますから。

第7章 「頼っていいんだ」と思えることが最大限の障害受容

〈頼れるということは、自分を知っているということ〉

自分ひとりの力ではできないことがある時、人は他者を頼ります。自分になんらかのスキルが足りないために他者の力を借りたい場合もあるし、自分ひとりでは乗り越えられないような精神的ストレスがある時も、人は他者を頼りそれを精神的なエネルギーにします。

当たり前のことですが人は自分に何が足りないのかがわかっているから助けが求められるのです。自分にはできないから助けを求める（頼りたくなる）。つまり、「人に頼る」というありきたりに見える行動は、自分がどこまでできてどこからはできないのかがわかっていないと実行できない行動なのです（なんらかの依存症である場合はこの限りではありません）。

この「頼る」という行為は、簡単そうに見えて実は簡単ではありません。自分の力の限界がわかっていなければ何をどう頼ったらいいのかわからない場合もあるし、自分のプライドが高くて人にヘルプを求められない場合もあります。このように自分が自分で作っているハードルがあるので、このハードルが高い人は人を頼ることが下手なのです。これは障害のあるなしとは関係なく、すべての人にあてはまると思います。

とにかく、「人に頼ること」は、一見ありきたりに見えて実は簡単なことではないのです。人に頼ることができる人は、自分の力の限界を知っている人です。自分に何ができて何ができないかがよくわかっている人ほど上手に人を頼ることができるのです。自己理解できている人が人を頼ることができるのです（なんでもかんでも人に頼る人がいますがそれは論外です）。

「自己理解」は発達に凸凹がある人にはとても大切です。特に子ども自身が自分の凸凹や障害に気づくためには自己理解が必須です。子どもが中学生くらいになると、親御さんは子どもにどうやって障害告知しようかと悩まれますが、幼少期から子どもが自分のできることとできないことと向き合う練習をしておけば、大きくなってわざわざ「障害告知」なんて大げさなことをしなくても子どもは自分の限界を自己理解するようになるのです。

〈頼れるということは、相手を信頼できるということ〉

自己理解が大切であるという話をしてきました。でも、自己理解ができて自分の力の限界を知っているだけでは人を頼ることはできません。そうです。相手のことを信頼できなければ頼ることはできませんよね。「この人になら相談できる」「この人なら力になってくれそうだ」こう思える相手でないと自分の弱みは打ち明けにくいし、話したことで逆に自分が傷ついたらどうしようと思ってしまいます。

人を信頼できなければ人は他者を頼れないのです。この人が好きだな、好感が持てるな、一緒に過ごして楽しかったな、心が通じる感じがしたな……。こういう経験が信頼する気持ちを育みます。こういう経験の積み重ねで、人は他者を信頼できるようになるのです。ですから子どもたちには人を信じられるような人になってほしいものです。

そのためには、まず、親御さんであるあなたが人を信頼して生きてください。人に頼ってみてください。なんでも自分ひとりでやろうとしないでください。そして恥ずかしがらずに自分からも人に手を貸してあげてみてください。毎日そういうことを心がけていれば、子どもはきちんとそれを見ていて、自分が大きくなったら親の真似をするようになります。安心して親以外の他者を信頼できるようになると思います。

〈頼れるということは、自分を承認するということ〉

学校の勉強についていけないとか、クラスで目立った行動を取ってしまう子どもたちは、いつでも「もっと、もっと（ちゃんとしなさい）」と背中を押され続けて生活しています。いつでもみんなに追いつけ追いつけと仕向けられていると、「どうせ僕（私）はできない子だ」と思い込むようになってしまいます。そうなると、失敗したことばかり「あーあ、やっぱりな……」と記憶に残し、できたことについては「これくらいのことはできて当たり前」と記憶から消し去り、自己評価を下げてしまいます。失敗体験ばかり増えて成功体験を積み重ねられないのです。

「どうせやってもできない」ということを学習してしまい、最初からやる気が出なくなってしまう気持ちのことを前述したように「学習性無力感」と言います。これが子どもにとっては何より恐ろしいことです。失敗体験より成功体験を記憶できるようにならないと、自分を認めることができずに学習性無力感に陥ってしまいます。

「僕（私）はこれでいいんだ。これが僕。僕にもできることがある！」というふうに、自分を承認できるようになれば、自己肯定感が生まれ、人を信頼することができるようになります。

「こんな僕は人に助けてもらう価値などない」

こんなふうに思って自己評価を下げてしまうと、人を頼るどころか、人を避けて生活するようになってしまいかねません。

人に頼れるということは、自分を承認できているということなのです。

〈「頼っていいんだ」と思えることが最大限の障害受容〉

「人を頼れる」というありきたりのことができるためには、

- 自分の力の限界を知っていること
- 相手を信頼できること
- 自分を承認できること

これらの3つの力が子どもに備わってほしいという話をここまでしてきました。この3つのこと。これらが備わっていたら、もう子どもにはほかには何も必要ないとまで思えてきませんか。

多くの障害者やその家族は「障害受容」することがゴールだと思っています。しかし、障害受容は本当にできるものなのでしょうか？

人間は生きています。刻々と成長し変化し続けます。ひとつできるようになれば、また次にできないことが見つかり、その繰り返しです。ひとつの苦難に区切りをつけて納得しても、また解決できない問題に出くわします。

ひとつ受け入れて（受容して）も、また受け入れなければいけないことに直面する……。受容と否定（否認）の間を行きつ戻りつすることそのものが障害受容なのではないですか？　だって、「はい受容できました。もう明日からは迷いません」なんてことはないでしょう。

ですから、みなさん、「自分はまだ障害受容ができていない」などと決して思わないでくださいね。障害受容がゴールだなんて思わないように。障害受容に終わりはないのです。

だから障害受容はしなくていいのです。

障害受容そのものにゴールがないとするならば、どこをゴールに定めればいいのか。

「人に頼っていいんだ」と心から思えるようになったなら、それが人間として最大級の障害受容なのではないでしょうか。自分の限界を知り、人を許し、信頼し、そして自分をも許し承認できたなら、それは自己受容であり障害受容と言えるでしょう。それで十分ではないですか?

本来これは障害のあるなしに関係なく、すべての人間がこう思えて自己受容できるようになったなら、世界はもっと平和になるでしょう。かなり壮大な夢物語を語っているみたいですが、実はこの本に書かれていることがらは、子育てをするすべての人にあてはまることばかりなのです。

私のブログから

「あまり耳にしないけれどホントの話」⑩

やっと、やっと、義務教育が終わった

次男の中学の卒業式がありました。義務教育が終わりました。

やっと終わった、というのが感想です。

義務だったから仕方なくやらされていた、そんな感じでした。学業で評価などしてほしくないのに、学業でしか評価されないで生きてきた、そんな義務教育期間でした。

長男の時は入学式も卒業式も好きでした。校長先生の話を聞くとわくわくしました。でも次男の時は全くの反対で、帰っていいならすぐにでも帰ってしまいたかった。

校長先生や生徒代表の話は、決まって、こうです。

「みんなで一生懸命練習した体育祭。競技も応援も、頑張ることでクラスがま

とまっていくことを経験しました」

「苦しみがあったから喜びもあった部活。達成感を知りました」


どれもないよ。


次男は全部、逆。体育祭も理由さえあればさぼりたかったし、部活だってうまくいかなかった。顧問の先生だって、サポートどころか邪魔にしかならなかった。部活に多くは望まないけれど、部活で頑張らないと市民権を得られないような気分になります。

やっと、終わりました。

なんだかとても悔しいのです。

でも、それは私が負けず嫌いだからなのであって、当の本人（次男）はそんなこと気にしていないのが救いです。悔しいというのは私の主観にすぎないのです。

「中学で楽しかった思い出は？」と聞けば、

「知ってるだろ、なんもない」と答える息子。

でも、淡々と、「なんもなかった、ただそれだけ」とありのままを語っているその表情からは、たくましささえ伝わってくる。


なんもなかっただけ。


だとしたら、次男の心のキャンパスはまだ無地で白いはず。親としては今後への期待が高まります。

でも、無地なだけあって、今後にも期待をしていない様子の息子。たくましいのか、想像力が乏しいだけなのか。でも、期待などしない方がいいのかもしれません。その方が、何か起こってもありのままを受け入れることができるでしょう。

義務教育ではなくなるこれからの方が本当は大変です。知識としてそれは十分にわかっているつもりです。でも、義務教育にとらわれない、オリジナルな人生をこれからクリエイトしていくのだという、スタート地点に立ったような気分です。すがすがしい気持ちが芽生えています。

私のブログから

「あまり耳にしないけれどホントの話」⑪

正直な話

クラスには友達になれる子がいないということで、高校生になった次男はひとりを決め込んでいます（その後イツメン〈いつものメンバー〉ができて盛り上がることになるなんてこの頃は想像もつきませんでした）。それでも入学して2か月たつ頃には、本人の意志とは関係なくクラスメートが話しかけてきたようです。

帰り道に一緒に歩いて、いろいろ話しかけてきた子がいたそうです。

「自分はIQが小さい」とか「兄は車いすに乗ってる」と教えてくれたとか。

そして、

「君はどこが悪いの?」と聞かれたそうです。

「オレは足、内臓、あたま、って答えたよ。それ以上は面倒だし答えなかった」

なんだか、それをうちの子に言ってきた子がけなげに思えました。なんか打ち明けたかったのかなあ……? IQが「小さく」ても、自分の障害を認識しているんだなあ。それって、ある意味「知性」だと思うから、その子には知性があって立派だなあ……。

なんて思って聞いていました。

次男が小学生の頃は、なんだかどうしても、友達は定型発達の子でないと私の気持ちが落ち着きませんでしたが、でも、いつの間にか、そんな気持ちがなくなっていました。

正直な話、自分の子どもには凸凹があるくせに、友達は定型がいい、とか定型の子に囲まれていていてほしい、とか思っている自分がいました。

今は違います。

縁があるなら誰が息子と出会ってもいい。ＩＱとかヤンキーとか関係なく、いろいろな人と出会ってほしい。それが次男の人間力を上げるのだから。

中学を卒業して「義務」という言葉を捨ててから、息子がどんな話を持ち帰っても、私はそれを「新しい発見」として興味を持って聞けるようになりました。こうやって、次男も私も、少しずつ成長していくんだなとしみじみと思いました。

土日は朝から晩までiPhoneをいじっている息子。生活態度は何も変わらないのですが、なんだか頼もしく見えます。なんだか信じられる。きっと毎日成長している、と信じられるのです。

子どもを見ている自分の「目」が変わったんですね。

●あとがき

今、書店には「発達障害本」があふれ、自閉症、アスペルガー（今は厳密にはこの呼び方はなく、自閉症スペクトラムと呼ばれています）、ＡＤＨＤといった診断名が聞き慣れた言葉になりました。ところが名前ばかりが知名度を得て、発達障害の人たちが生きやすくなったかと言えばそうでもなく、ただ有症者が増え続けるという、わけのわからない「発達障害バブル」の時代になっています。

ですから、「発達障害」という言葉を身近に見聞きしているみなさんには、このバブル景気に惑わされずに、人間として共通の根っこの部分（テクニックでなくマインド）をわかっていてほしい……。ここさえわかっていればこの情報過多の時代に迷うことはない……。そう思ってこの本を書きました。マインドさえぶれずにしっかりしていれば、ひとりひとりの子どもの特性が重かろうと軽かろうと、前に進む道が必ず見えてきます。

そして、マインドをしっかりと持っていれば、ちまたにあふれている数々のテクニックも活かされてきます。日常生活の適材適所でそれにふさわしいテクニックを使えるようになるでしょう。

マインドとは、我が子の理解に努める「心がまえ」のことです。発達障害について理解する前に、オンリーワンの我が子のことを子どもと同じ目の高さで見つめることです。マインドとは「考え」ではなく「考え方」のことです。どんな有名な先生の「考え」を取り入れてもいいんです。どんなメソッド（方法）を取り入れてもいいんです。ただ、自分の「考え方」さえしっかり持ってさえいれば、著名人たちの「考え」も活きてくるでしょう。

子育てに障害者向け・健常者向けという区別は本来ありません。できないことをできるようにするメソッドとして「発達障害向け」と「定型発達向け」の指導法は存在しますが、人間を育てるうえで心がけることに発達障害と定型発達の区別などありません。みな同じです。みなさんもぜひこの機会に根っこのところに立ち戻って子育てを再スタートさせていただきたいと心より願っています。

繰り返しお伝えしてきましたが、発達凸凹がある子どもの子育ては、うまくいく時とそうでない時を行きつ戻りつしながら進んでいくものです。障害の受容も同じです。受容と否定（否認）の繰り返しで終わりがなく、したがって受容などしなくてもよいのです。毎日我が子と向き合い続ける。昨日と同じだけ今日も続ける。これだけです。

たまたま凸凹な子を産んだだけのみなさんは、これからも幾度も困難に突き当たることがあるでしょう。でも、そんな時はこの本に書かれている「4つのマインド」を思い出してください。先を急ぎ始めた自分に気づいたら、先が見えなくなってきたら、この本を読み返していただければと思います。みなさんの肩に入った余分な力が少しでも抜けたなら本望です。

＜著者紹介＞
植田日奈（うえだ　ひな）
1965年生まれ。臨床心理士。東京えびすさまクリニックカウンセラー。東京都町田市保健予防課心理相談員。Skype＆電話相談「金のたまご発達相談」主宰。「金のたまご発達相談」ではペアレント・トレーニング講習会や出張セミナーも行っている。
和光大学人文学部文学科卒業。会社員、英会話講師を経たのち、昭和女子大学大学院生活機構研究科（心理学）修士課程修了。
障害児を育てた経験を持つ二児の母。特技は編み物、お絵かき（東京都立芸術高校卒）、レザークラフト。特技を支援の場に活かした取り組みを実施中。

親子《おやこ》で向《む》きあう発達障害《はったつしょうがい》
～あなたはたまたま選《えら》ばれただけ～

2016年12月16日　第1刷発行
著　者　植田日奈
発行人　久保田貴幸

発行元　株式会社 幻冬舎メディアコンサルティング
〒151-0051　東京都渋谷区千駄ヶ谷4-9-7
電話　03-5411-6440（編集）

発売元　株式会社 幻冬舎
〒151-0051　東京都渋谷区千駄ヶ谷4-9-7
電話　03-5411-6222（営業）

印刷・製本　シナジーコミュニケーションズ株式会社

検印廃止

ISBN　978-4-344-91040-9　C0095
幻冬舎メディアコンサルティングHP
http://www.gentosha-mc.com/